新手从零开始学系列

采购经理

过程控制·成本控制·供应商管理·供应链协同管理

新创企业
管理培训
中心
组织编写

U0319564

化学工业出版社
·北京·

内容简介

《采购经理：过程控制·成本控制·供应商管理·供应链协同管理》一书全面解析了采购经理在企业管理中的核心角色与职责。本书共分为六章，从宏观的采购管理体系建设到微观的供应商管理、采购过程管理、采购控制管理、采购成本管理及供应链协同管理，内容详尽而实用。

本书旨在帮助有志于从事采购管理工作的读者全面了解采购经理的工作范围、职责和核心任务，为他们提供清晰的管理方法和思路，并让他们掌握实用的管理技巧与策略。通过阅读本书，读者可以深入了解如何优化采购过程、控制成本、管理供应商以及实现供应链协同，从而更好地规划自己的职业发展方向。

本书采用模块化设置，循序渐进地引导读者从基础知识到实际操作，既适合初学者入门，也适合有经验的采购经理提升管理技能，是一本不可或缺的采购管理工作手册和工具书。

图书在版编目（CIP）数据

采购经理：过程控制·成本控制·供应商管理·供应链协同管理 / 新创企业管理培训中心组织编写． —北京：化学工业出版社，2024.7
（新手从零开始学系列）
ISBN 978-7-122-45541-3

Ⅰ．①采…　Ⅱ．①新…　Ⅲ．①企业管理－采购管理　Ⅳ．①F274

中国国家版本馆CIP数据核字（2024）第086585号

责任编辑：陈　蕾　　　　　　　　　　装帧设计：溢思视觉设计／程超
责任校对：李露洁　　　　　　　　　　E-mail: isstudio@126.com

出版发行：化学工业出版社（北京市东城区青年湖南街13号　邮政编码100011）
印　　装：三河市双峰印刷装订有限公司
787mm×1092mm　1/16　印张12¼　字数223千字　2024年8月北京第1版第1次印刷

购书咨询：010-64518888　　　　　　　　售后服务：010-64518899
网　　址：http://www.cip.com.cn
凡购买本书，如有缺损质量问题，本社销售中心负责调换。

定　　价：68.00元　　　　　　　　　　　　　　　　版权所有　违者必究

前言

　　随着市场结构的变化，制造成本在上升，企业利润在下降。一场提升企业竞争力的供应链结构变革正在进行：上游供应商结构、制造结构、下游渠道结构都在改变。

　　采购业务在供应链上连接着企业与上游的供应商，企业竞争力受制于供应链上最薄弱的环节。采购业务作为企业生产活动的起点，涵盖了从供应商到需求方的货物、技术、信息或服务流动全过程。企业通过有效的计划、组织与控制等采购管理活动，合理确定采购方式、采购品种、采购批量、采购频率和采购地点，以有限的资金保证经营活动有效开展，能够在降低企业成本、加速资金周转和提高企业经营效率等方面发挥积极作用。

　　合理采购对于提高企业竞争能力、降低经营风险也具有极其重要的作用，一方面，合理采购不仅能降低产品生产成本，而且也是产品质量的保证；另一方面，合理采购能保证经营资金被合理使用和控制，从而使企业以有限的资金有效地开展经营活动。采购成本是企业成本控制的主体和核心部分。

　　随着经济全球化和信息网络技术的高速发展，经济的运行方式和货物流通方式发生了巨大变化，企业的采购模式也在不断发展。为此，采购职能必须从操作型向战略型转变。战略采购有别于常规采购，是企业以最低总成本建立服务供给渠道的过程。良好的采购战略能使企业实现总购置成本最低，并与供应商建立双赢关系，同时直接增加企业的利润和价值，让企业在市场竞争中占据有利地位。所以，采购经理在企业中所处的位置极其重要，其不仅要合理制定采购政策、制度、流程，控制采购成本，还要管理好采购团队、掌握最新的采购技术和方式。

作为一名新上任的采购经理，通常不知如何开展采购管理工作，基于此，我们组织编写了《采购经理：过程控制·成本控制·供应商管理·供应链协同管理》一书，本书涵盖了从宏观到微观的各项采购管理工作，具体包括采购管理体系建设、供应商管理、采购过程管理、采购控制管理、采购成本管理、供应链协同管理六章内容。

本书可以帮助采购管理人员全面了解采购经理的工作范围、职责、核心，确立正确的管理方法和思路，掌握管理技巧与策略，更好地规划职业发展方向。

本书采用模块化设置，注重可操作性，内容由浅到深、循序渐进，是一本非常实用的指导手册和入门工具书。

由于编者水平有限，书中难免出现疏漏，敬请读者批评指正。

编　者

目录

◆ **第一章　采购管理体系建设** ◆

采购管理体系是指采购部门组织结构、职能分工、规章制度、业务流程等方面的系统化安排。一个完善的采购管理体系，可以提高采购管理的效率和质量，降低采购成本，最大限度地为企业创造更多的经济效益和利润空间。

------◆　**第二章　供应商管理**　◆------

　　供应商管理的目标是确保供应商在质量、交付时限和成本方面达到或超过买方的期望。有效的供应商管理包括提高商品和服务质量、确保及时交付、降低成本以及改善与供应商的关系。此外，通过供应商绩效管理，企业可以降低自身运营中断的风险。

◆　第三章　采购过程管理　◆

采购过程管理是企业提高经济效益和市场竞争能力的重要手段之一，在企业管理中具有重要的战略地位。一个企业能否持续发展，很大程度上取决于其采用的采购管理方式。

◆　第四章　采购控制管理　◆

对于任何一家企业而言，都必须运用一套科学、系统、有效的采购管控方法，对企业的物资采购工作加以指导与管理，以促进企业研发、保障生产，为企业参与市场竞争、持久发展提供动力。

◆ 第五章　采购成本管理 ◆

采购成本下降不仅使企业现金流出减少，而且直接体现出产品成本下降、利润增加以及企业竞争力增强。因此，控制采购成本并使之不断下降，是企业不断降低产品成本、增加利润的重要和直接手段。

◆ 第六章　供应链协同管理 ◆

　　市场需求不稳定导致供应链很容易产生牛鞭效应。需求的微小变化，将会影响整个供应链的上下游。同时，需求的变化又是难以准确预测的，随着影响在供应链上的逐级放大，库存水平也将急剧增加。对此，供应链协同是解决"牛鞭效应"的有效方式。

采购管理认知

采购是指企业在一定的条件下从供应市场获取产品或服务资源，以保证企业生产及经营活动正常开展的一项业务。采购经理是带领采购部门执行采购任务的企业中层管理者，采购工作对降低企业经营成本起着至关重要的作用。

在学习采购管理知识前，采购经理一定要对自己有明确的定位，了解采购岗位职责、工作目标和采购经理的素质要求、能力要求。

图0-1是××网站上发布的采购经理招聘信息。

岗位职责：

1. 建立稳定、良好的供应体系，对供应商进行评估、认证、管理及考核。

2. 降低采购成本，协助财务部门进行成本控制。

3. 完善采购部门组织架构，明确部门职责，提高采购工作的效率与稳定性。

4. 完善采购操作流程；提高部门工作效率；从采购计划、订单跟进、进货、收货、采购交期延误应对、结算、付款、发票处理等环节进行控制，避免出现差错。

5. 制定采购方针；配合交付部门、生产部门和销售部门制订合理的采购计划。

6. 制定采购部门相关规章制度；监督制度的执行。

7. 完善采购合同，监督采购合同的执行。

8. 监督采购过程，跟踪处理采购质量问题。

9. 培训采购员工，增强采购人员素质。

任职资格：

1. 熟悉主要电子物料（IGBT、阻容、MOS 管等）的供应渠道，在通用伺服、变频器、储能等领域，有采购渠道开发及成本管控的实操经验，对采购规范化操作有较深的理解。

2. 熟练掌握 ERP 采购操作流程和参数维护。

3. 有较强的沟通协调能力，能承担询价、公司内部协调和沟通等工作。

4.有五年以上电子厂实际操作经验，有三年以上采购管理或成本管控实际操作经验；有大中型外资企业电子物料采购经验者优先。

图0-1　××网站上发布的采购经理招聘信息

从以上内容可以看出，采购管理工作可以说是千头万绪、纷繁复杂。采购管理的目的是保证企业生产经营所需物资的供应和质量，降低采购成本，提高企业的竞争力。作为一名采购经理，要懂、要做的事情可不少。

第一，采购经理需要具备高度的责任感和敬业精神。作为部门的领导者，采购经理要为企业提供高品质的物资和服务，并保证采购活动的灵活性和可持续性。在日常工作中，采购经理必须始终关注企业的利益，积极开展谈判和沟通工作，确保采购过程中的各种问题得到有效解决和处理。

第二，采购经理需要具备发掘和管理供应商的能力。采购经理还需要定期检查和评估供应商的供货质量、交货期、价格等方面表现，评估供应商能否满足企业需要，以确定是否与其继续合作。因此，采购经理必须具备良好的市场敏感性和供应链管理能力。

第三，采购经理还应具备扎实的专业技能和丰富的经验。他们必须了解相关商品的品质、市场价格和供应来源等信息，掌握供应链、采购模型、价格谈判等方面的知识，有意识地将这些知识运用到采购活动中。同时，他们还需要在团队管理方面具备出色的领导能力，能带领采购团队开展有针对性的采购活动，提高采购效率和履行力。

第四，采购经理需要具备较强的沟通和协调能力。在采购活动中，采购经理需要与供应商、领导、下属员工及其他部门进行沟通和协调，就必须能够利用丰富的沟通技巧，以及灵活的谈判和问题处理能力，与各方保持良好的关系。同时，采购经理还需要具备跨文化的交流和团队协作能力，以适应全球化的采购需求。

总之，作为一名合格的采购经理，他们需要具备敬业精神、专业能力、市场敏感度、领导能力、沟通协调能力等多方面的素质与能力。只有不断拓展自身的能力，他们才能适应这个快速变化的时代。

第一章

采购管理体系建设

采购管理体系是指采购部门组织结构、职能分工、规章制度、业务流程等方面的系统化安排。一个完善的采购管理体系，可以提高采购管理的效率和质量，降低采购成本，最大限度地为企业创造更多的经济效益和利润空间。

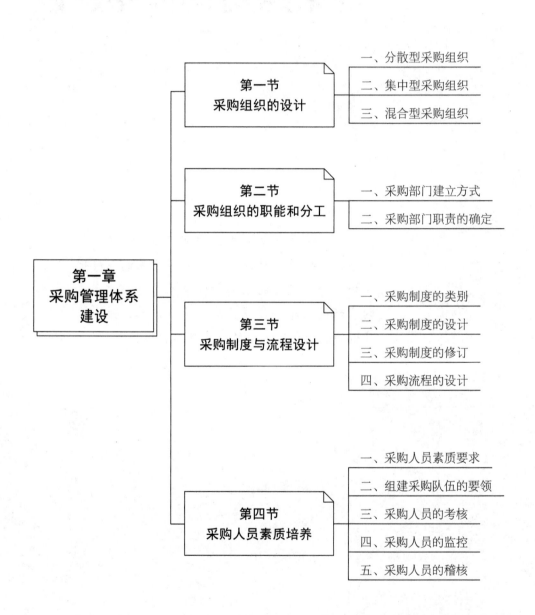

第一章
采购管理体系
建设

第一节
采购组织的设计

一、分散型采购组织

二、集中型采购组织

三、混合型采购组织

第二节
采购组织的职能和分工

一、采购部门建立方式

二、采购部门职责的确定

第三节
采购制度与流程设计

一、采购制度的类别

二、采购制度的设计

三、采购制度的修订

四、采购流程的设计

第四节
采购人员素质培养

一、采购人员素质要求

二、组建采购队伍的要领

三、采购人员的考核

四、采购人员的监控

五、采购人员的稽核

第一节　采购组织的设计

很多时候，采购组织的设计与规划跟企业创始人、负责人对采购业务的定位有关。若将采购看作是业务活动，那么采购组织在企业中将会处于较低的地位。若将采购视为一个重要的竞争因素，并且对企业具有重要的战略意义，那么采购组织就处于较高的地位。

采购组织分为分散型采购组织、集中型采购组织、混合型采购组织等基本类型。

一、分散型采购组织

1.组织特点

分散型采购是指与采购相关的工作分别由不同的部门来执行。

比如，物料或商品需求计划可能由制造部门或者销售部门来制订；采购工作可能由采购部门或者销售部门负责；成品库存由销售部门管理，在制品库存由制造部门管理，原料或零件库存由物料或仓储部门管理。

图1-1就是分散型采购组织的结构示意图。

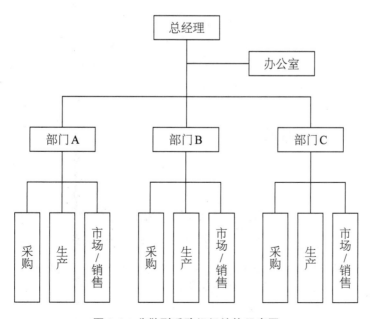

图1-1　分散型采购组织结构示意图

2.优点

分散型采购组织具有自主性、灵活性、多样性等特点，采购工作多在本地进行，受当地供应商欢迎，有利于供应商之间的竞争。

3.缺点

（1）浪费资源

各部门之间有重叠的工作项目，例如物料供需动态追踪，与供应商交涉送货、退货，物料作业电脑化等，如果没有统一指挥的单位，管理工作更复杂，人力、设备的投资成本更高。

（2）权责不清

由于整个物料管理的职能被细分，工作显得零乱复杂，个别部门之间的职责也变得不明确。例如交期延误，原因有可能是采购作业效率太差、前一阶段物料需求计划不当、后一阶段催货不力，部门之间经常会互相推诿，几乎找不到负责解决问题的部门。

（3）沟通不畅，相互冲突

不同的部门可能会与同一个供应商就同一种产品进行谈判，结果达成了不同的采购条件。当供应商的能力吃紧时，部门之间又会成为真正的竞争对手。

4.适用范围

分散型采购组织对拥有经营单位结构的跨行业企业特别有吸引力。每一个经营单位采购的产品都是唯一的，并且与其他经营单位所采购的产品又有显著的不同。在这种情况下，规模经济会提供有限的优势或方便。

二、集中型采购组织

1.组织特点

集中型采购就是将采购相关的职责或工作，集中授予一个部门执行，这是为了要建立综合的物料体系，因而设立一个管理责任一元化的组织体系。这个体系称为物料管理部门或资材部，其主要工作包括生产控制（生产计划、物料控制）、采购（包括采购事务及跟踪和催货）及仓储（收发料、进出货、仓储、运送）等。

图1-2就是集中型采购组织的结构示意图。

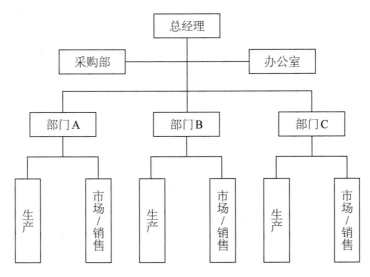

图1-2　集中型采购组织结构示意图

2.优点

通过采购协作，企业可以从供应商处得到更好的条件（价格、成本、服务、质量等，同时可促进采购向产品和供应商标准化方向发展。

3.缺点

单独经营单位的管理层只对采购的决策负有限的责任。通常，经营单位的管理人员相信他们能够靠自己达到更高的目标，并采取单独行动，这样将逐渐削弱企业采购部门的地位。

4.适用范围

企业几个经营单位购买相同产品，且产品对其具有战略意义时，比较适合该结构。

三、混合型采购组织

1.主要特点

混合型采购是指在企业层级上设置采购部门，同时独立的经营单位也执行具体的采购活动。在这种情况下，企业的采购部门通常处理与采购程序和方针设计相关的问题。此外，在经营单位的管理层有需求时，采购部门也会开展审计工作。

图1-3就是混合型采购组织的结构示意图。

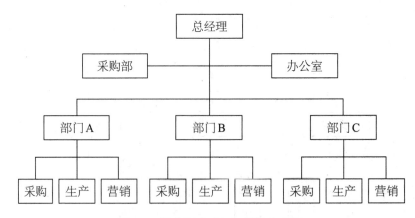

图1-3　混合型采购组织结构示意图

2.优缺点

企业采购部门会对战略采购进行详细的供应市场研究。经营单位的采购部门可以通过定期发布的小册子、公告或局域网利用这些研究结果。另外，企业的采购部门还可以作为解决部门或经营单位之间问题的协调工具。但企业采购部门并不执行具体采购活动。具体的采购活动完全由经营单位的采购部门实施。

第二节　采购组织的职能和分工

对于企业来说，应结合自身实际情况和发展需求来组建采购部门，并建立健全采购部门的组织结构，做到职责分工明确、人员配置优化，从而提高采购工作绩效。

一、采购部门建立方式

1.按物品类别组建

根据主要原料、一般物料、机器设备、零配件、工程发包、修护与保养等类别，可将采购工作安排不同部门的人员办理。这样，采购人员对其经办的物料项目相当了解，能够发挥"熟能生巧"及"触类旁通"的作用。这也是最常见的采购部门建立方式，对于物料种类繁多的企业特别适用。

图1-4就是按物品类别建立的采购部门。

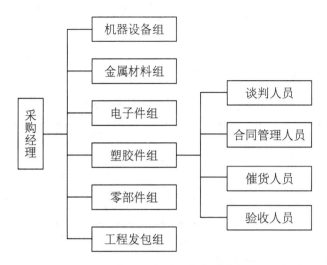

图1-4　按物品类别组建的采购部门

2.按采购地区组建

根据物品的采购来源，可分设不同的采购部门，如国内采购科、国外采购科。这种组建方式，主要是基于国内外采购手续及交易对象有显著的差异，因而对采购人员工作条件的要求也不同，分别设立部门可以便于管理。上级管理人员必须就相同物料比较国内外采购的优劣，判定采购项目应该归哪一部门办理。

图1-5就是按采购地区组建的采购部门。

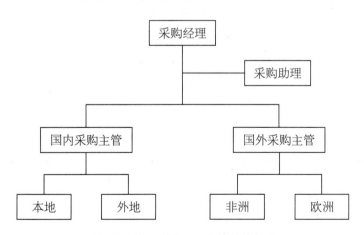

图1-5　按采购地区组建的采购部门

3.按采购价值组建

次数少但价值高的采购，可交予高层管理人员负责；反之，则交给基层采购人员办理。这种采购部门的组建方式，可让高层管理人员对重大的采购项目进行决策，达到降低成本的目的；还可以让高层管理人员有多余的时间，对采购部门的工作绩效加以管理。

表1-1就是按物料价值组建的采购部门。

表1-1　按物料价值组建的采购部门

物品	价值	次数	承办人员
A	65%	10%	经理
B	25%	25%	主管
C	10%	65%	采购员

4.按采购物品重要程度组建

将策略性项目（利润影响程度高、供应风险高）采购的决定权，交予最高阶层（例如主管采购的副总经理）；将瓶颈项目（利润影响程度低、供应风险高）的采购交予较高阶层（例如采购经理）；将杠杆项目（利润影响程度高、供应风险低）的采购交予中级阶层（例如采购科长）；将非紧要项目（利润影响程度低、供应风险低）的采购交予较低阶层（例如采购人员）。

表1-2就是按采购物品重要程度组建的采购部门。

表1-2　按采购物品重要程度组建的采购部门

类别	考虑因素		
	利润影响程度	供应风险程度	采购承办人
策略性项目	高	高	副总经理
瓶颈项目	低	高	经理
杠杆项目	高	低	主管
非紧要项目	低	低	采购员

5.按采购功能组建

根据采购过程，将询价、比价、议价、决策安排不同人员负责，以便在内部产生牵制作用。这种组建方式，适合采购业务庞大（每月可达数万件以上）的企业；企业借此可将采购业务进行专业化分工，以免由一位采购员承担全部有关作业而造成舞弊。

图1-6就是按采购功能组建的采购部门。

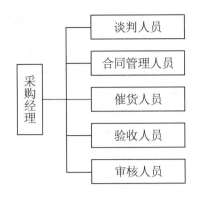

图 1-6　按采购功能组建的采购部门

6.采购部门作业方式比较

以上采购部门，除第五种是按功能来组建，也就是按专业分工的方式划分采购人员（即分段作业的采购方式）外；其余四种方式都是责成采购人员担任全部有关作业，包括开发供应商、询价、议价、订购、催货等，即一贯作业的采购方式。

采购部门作业方式的比较如表1-3所示。

表 1-3　采购部门作业方式的比较

作业方式	优点	缺点
一贯作业的采购方式	（1）一位采购人员可管理全部采购作业，责任明确 （2）符合规模经济的原则 （3）对维护供应商关系比较有利 （4）对供应商有增减采购量的权利，故可要求供应商及时交货及改善品质	（1）一位采购人员负责全部采购作业，工作相当繁杂，且无专精 （2）采购项目从头至尾全由一人办理，容易使采购人员滋生舞弊心理
分段作业的采购方式	（1）每位采购人员只负责采购过程中的一部分，可减少错误，并提高办事效率 （2）一方面是分工合作，另一方面则是内部牵制，除非全体人员集体舞弊，否则不易相互串通	（1）各自为政，职责不明 （2）采购过程由不同人员分段处理，转接手续较多，容易影响时效。因此，通常必须具备下列条件，才适合实施分段作业的采购方式：采购量巨大；采购过程复杂，且交期很长；采购部门人员众多

二、采购部门职责的确定

1.按作业功能划分

采购部门职责按作业功能划分，具体如表1-4所示。

表1-4　按作业功能划分的采购部门职责

作业功能	具体职责
品质	能够明确产品规格；提供客观的验收标准给供应商；参与品质问题的处理；协助供应商建立品管制度；尊重供应商的专业技术
交货	向供应商安排合理的交期；提供长期的需求计划给供应商；促使供应商同意包装及运输方式；协助供应商处理交货问题
价格	给供应商提供公平的价格；让供应商分享价值分析的成果；尽快付款
其他	对供应商的问题及投诉尽快回应；提供技术或检测仪器，使供应商生产更佳的产品；使供应商尽早参与产品的设计

2.按管理阶层划分

采购部门职责按管理阶层划分，具体如表1-5所示。

表1-5　按管理阶层划分的采购部门职责

序号	管理阶层	具体职责
1	采购经理	（1）制定采购部门工作方针与目标 （2）负责主要原料或物料的采购 （3）编制年度采购计划与预算 （4）签核订购单与合约 （5）建立与完善采购制度 （6）撰写部门周报或月报 （7）组织采购人员的培训工作 （8）与供应商建立良好的关系 （9）督导采购部门全部业务及人员考核 （10）主持或参与采购相关的会议，并做好部门间的协调工作
2	采购主管	（1）安排采购人员及助理的日常工作 （2）负责次要原料或物料的采购 （3）协助采购人员与供应商谈判（价格、付款方式、交货日期等） （4）追踪采购进度 （5）指导保险、公证、索赔等事宜 （6）审核一般物料采购单 （7）开展市场调查 （8）考核供应商
3	采购员	（1）经办一般性物料采购 （2）查访厂商 （3）与供应商谈判（价格、付款方式、交货日期等） （4）要求供应商执行价值工程的工作 （5）确认交货日期

序号	管理阶层	具体职责
3	采购员	（6）对一般索赔案件进行处理 （7）处理退货 （8）收集价格情报及替代品资料
4	助理	（1）登记请购单、验收单 （2）登记订购单与合约 （3）对交货进行记录及稽核 （4）安排与接待访客 （5）申请与报支采购费用 （6）申请进出口文件 （7）电脑作业与档案管理 （8）承办保险、公证事宜

第三节　采购制度与流程设计

制度是采购工作开展的前提，健全的制度能够对日常采购工作进行规范化处理，采购人员应按照制度的要求开展工作。采购流程则是采购工作开展的依据，采购人员只有按照流程来采购，才能确保采购工作顺利完成。

一、采购制度的类别

完善的采购制度可以规范采购人员的行为，规范采购作业的流程，从而起到规范采购活动的作用。常见的采购制度包括办公用品采购管理制度、采购价格管理制度、采购进度及交期管理制度、采购招标管理制度等。

一般而言，采购制度包括但不限于表1-6所示的内容。

表1-6　采购制度

序号	类别	内容要求
1	采购控制程序	采购控制程序能使采购工作有序开展，其内容包括各部门有关人员的职责、采购程序要点、采购流程图以及采购的相关文件、相关表格等
2	采购规范	采购规范是指采购人员的行为规范，包括道德要求、品质要求等

续表

序号	类别	内容要求
3	采购管理办法	采购管理办法是对公司采购流程每一个作业步骤的详细说明
4	采购作业制度	采购作业制度是指与采购作业信息收集、询价采购、比价采购或者议价采购、供应商评估和样品索取、供应商选择、采购合同签订、请购、订购、与供应商协调沟通以及催交、进货验收、整理付款等有关的制度
5	采购作业指导书	采购作业指导书是指对各项采购作业进行指导的文件
6	物资与采购管理制度	物资与采购管理制度包括物资分类编号、存量控制、请购作业、采购作业、验收作业、仓储作业等内容
7	物资验收管理办法	物资验收管理办法明确了物资验收的标准、要求和作业程序，其目的是使物资的验收以及入库作业有依据
8	解决采购争端的制度	解决采购争端的制度包括解决采购争端的要求、解决采购争端的常见方法等内容

 小提示

　　不同的公司对制度的叫法可能有些不一样；而公司根据公司规模、采购种类、采购方式不同，也会制定繁简不一的制度。

二、采购制度的设计

　　采购制度通常由采购部门的负责人，如采购经理，会同其他相关部门负责人共同编制，制度的制定是一个长期的过程，在颁布执行之前，还要经过各相关部门的认真讨论与修订。

　　采购制度的设计流程大致如图1-7所示。

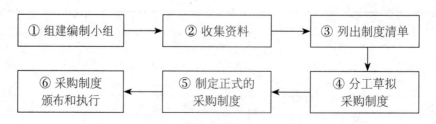

图1-7　采购制度设计流程

采购制度设计流程说明如表1-7所示。

表1-7 采购制度设计流程说明

流程名称	详细说明
① 组建编制小组	企业应组建采购制度编制小组，成员包括企业主管领导、采购部门负责人及财务、销售等部门的负责人，必要时还可以邀请相关专家、法律顾问、重要的供应商参与
② 收集资料	广泛收集外部相关的资料，包括国家政策、法规以及同行现成的政策、制度。收集公司内部相关的资料，包括现行的行政、财务、保管等方面的规章制度
③ 列出制度清单	在整理、分析所收集资料的基础上，结合企业现状以及发展目标，列出制度编写清单，包括制度名称、适用范围、基本内容、编写分工及时间要求等
④ 分工草拟采购制度	按照分工及时间要求，草拟采购制度。组织企业内部各部门对草拟的采购制度进行讨论、修改，直到各方面都满足要求
⑤ 制定正式的采购制度	由企业高层和各部门负责人对采购制度草案进行最后的审查、修订
⑥ 采购制度颁布和执行	按照一定的行政、组织程序，以公文或者其他方式颁布、执行采购制度

三、采购制度的修订

任何一个制度都不是一成不变、永远正确的，随着企业目标的变化、执行过程出现的问题等，要不断对采购制度进行评估和修订。

四、采购流程的设计

采购作业流程，会因采购的来源——国内采购、国外采购，采购的方式——议价、比价、招标，以及采购的对象——物料、工程发包等，在作业细节上有所差异，但是基本的步骤大同小异。

1.采购的基本流程

美国采购学者威斯汀（J.H.Westing）等所主张的采购作业基本流程，已被很多企业所采纳，其操作步骤如图1-8所示。

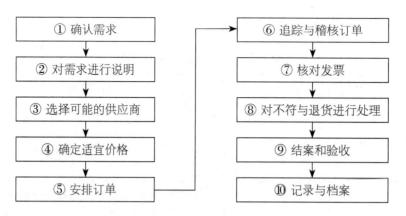

图1-8 采购作业基本流程

采购作业基本流程说明如表1-8所示。

表1-8 采购作业

流程名称	详细说明
① 确认需求	在采购之前，应先确定买哪些物料？买多少？何时买？由谁决定等
② 对需求进行说明	确认需求之后，对需求的细节，如品质、包装、售后服务、运输及检验方式等，加以明确说明，以便使供应商选择及价格谈判等作业能顺利进行
③ 选择可能的供应商	根据需求说明，在原有供应商中选择成绩良好的厂商，通知其报价；或以登报公告等方式公开征集供应商
④ 确定适宜价格	确定可能的供应商后，进行价格谈判
⑤ 安排订单	价格谈妥后，办理订货签约手续。订单和合约均属于具有法律效力的书面文件，其中对买卖双方的要求、权利及义务必须予以说明
⑥ 追踪与稽核订单	签约订货后，为确保供应商如期、如质、如量交货，应依据合约规定，督促供应商，并严格验收入库
⑦ 核对发票	交货验收合格后，开具发票。支付货款时，对于发票的内容，经采购部门核对后，财务部门才能办理
⑧ 对不符与退货进行处理	凡供应商货品与合约规定不符而验收不合格的，应依据合约规定退货，并立即办理重购
⑨ 结案和验收	验收合格付款的，或验收不合格退货的，均应办理结案手续，清查各项书面资料，并报高级管理层或相关部门审阅批示
⑩ 记录与档案	凡经结案和批示的采购文件，均应登记编号，分类保管，以备事后查阅。应明确档案的保管期限

2.采购作业流程的设计要点

在设计采购作业流程时，应注意以下要点。

（1）采购作业流程应与采购数量、种类、区域相匹配

一方面，过多的流程环节会增加企业运作的成本，降低工作效率；另一方面，流程过于简单、监控点设置不够等，将导致采购过程失去控制，产生物资质量、供应、价格等问题。

（2）先后顺序及实效控制

应注意采购作业流程的流畅性与一致性，并考虑作业流程所需的时限。

比如，避免同一主管对同一采购文件进行数次签核；避免同一采购文件在不同部门有不同的作业方式；避免一个采购文件的会签部门太多，影响作业效率。

（3）关键点设置

为便于控制，使各项采购作业在各阶段均能被追踪管理，应设置关键点的管理要领或办理时限。

比如，国外采购、询价、报价、申请输入许可证、出具信用证、装船、报关、提货等均有管理要领或办理时限。

（4）权责或任务的划分

各项作业手续及查核责任，应有明确的规定。比如，请购、采购、验收、付款等作业的权责应予区分，并指定主办部门。

（5）配合作业方式的改变

比如，作业方式由手工改变为计算机管理系统辅助后，其流程与表格需相应的调整或重新设计。

（6）采购流程应反映集体决策的思想

应由计划、设计、工艺、认证、订单、质量等人员一起来选择供应商，处理程序应合时宜。

（7）避免作业过程中的摩擦、重复与混乱

注意变化或弹性范围以及偶发事件的处理规则。

比如，在遇到"紧急采购"及"外部授权"时，应有权宜的办法或流程来特别处理。

（8）价值与程序相适应

程序繁简或被重视的程度应与所处理业务或采购项目的重要性或价值大小相适应。凡是数量较大、价值较高或容易发生舞弊的作业，都应有比较严密的处理监督机制。

（9）处理程序应符合现实环境

应注意采购流程的及时改进。对于早期设计的处理程序或流程，经过一段时间以后，应加以审查，不断改进，以满足企业的实际需要。

下面提供一份××电子有限公司采购作业流程的范本，仅供参考。

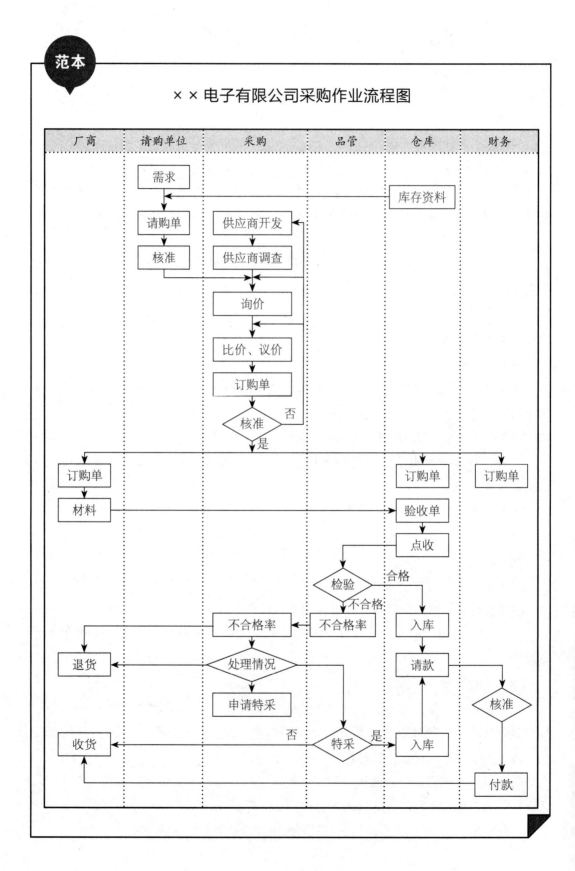

范本

××电子有限公司采购作业流程图

厂商	请购单位	采购	品管	仓库	财务

第四节　采购人员素质培养

采购人员是采购的实际实施者，在采购过程中起着至关重要的作用。采购人员的职业道德、诚信和行为操守直接关系着采购队伍的建设与发展，影响着采购业务的开展，因此，采购经理应做好采购人员的选拔与培养。

一、采购人员素质要求

采购人员的素质直接决定了采购工作的效果，因此，企业必须对采购人员的素质作出明确的要求。

1.基本素质要求

由于采购工作自身的复杂性和重要性，因此对采购人员的职业素质要求很高。采购人员的职业素质要求如图1-9所示。

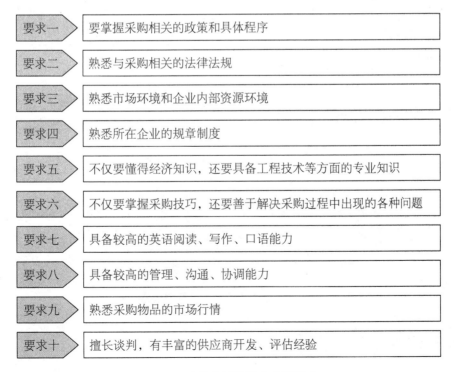

要求一	要掌握采购相关的政策和具体程序
要求二	熟悉与采购相关的法律法规
要求三	熟悉市场环境和企业内部资源环境
要求四	熟悉所在企业的规章制度
要求五	不仅要懂得经济知识，还要具备工程技术等方面的专业知识
要求六	不仅要掌握采购技巧，还要善于解决采购过程中出现的各种问题
要求七	具备较高的英语阅读、写作、口语能力
要求八	具备较高的管理、沟通、协调能力
要求九	熟悉采购物品的市场行情
要求十	擅长谈判，有丰富的供应商开发、评估经验

图1-9　采购人员的基本素质要求

2.道德品质要求

在企业中，采购部门往往是资金流出的第一大部门。如果采购人员不从节约企业采购资金的角度出发，就会给企业带来严重损失。少数道德水平低下的采购人员与不良供应商沆瀣一气，利用职务之便从中得利。

企业为防止采购人员发生舞弊、索贿、受贿等不正当行为，除在选用采购人员时要明察秋毫外，也要制定相关的制度来规范、约束采购人员与供应商的行为。采购人员的职业道德标准如图1-10所示。

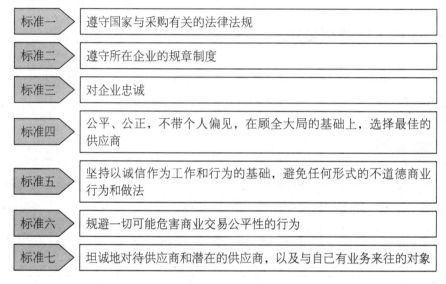

图1-10　采购人员应有的职业道德标准

二、组建采购队伍的要领

要打造一支高效高质的采购队伍，应采取图1-11所示的措施。

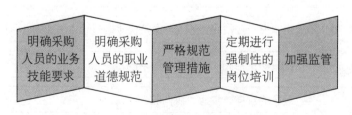

图1-11　组建采购队伍采取的措施

1.明确采购人员的业务技能要求

（1）要明确采购人员必须具备的基础知识和基本操作技能，对于不能"达标"的采购人员，必须调离采购岗位。因此，企业应根据采购业务的特点，制定一套采购岗位的业务要求和技能标准。

（2）采购人员要精通《中华人民共和国民法典》《中华人民共和国预算法》《中华人民共和国价格法》等法律法规；熟悉产品的市场行情；善于攻关、交际、谈判等。

2.明确采购人员的职业道德规范

（1）在职业道德上，要注重采购人员的行为管理，加强采购队伍的思想作风建设，切实提高采购人员的道德素质。

（2）加强采购队伍的廉政建设，督促采购人员要时刻遵纪守法、廉洁自律。

3.严格规范管理措施

要严格规范管理措施，切实增强采购岗位的流动性，铲除滋生腐败行为的"温床"。

4.定期进行强制性的岗位培训

要定期进行强制性的岗位培训，从而促进采购人员更新知识、提高技能，以适应现代化、国际化的业务发展需要。

5.加强监管

各有关部门既要各司其职，又要协调配合。

（1）要在业务上进行规范，财务、审计等部门应对采购部门的业务操作流程等进行严格的监督、检查。

（2）要从人员上进行约束，可设立专门的机构对采购人员进行全程监管。

（3）要客观评价采购人员的工作业绩，切实规范采购行为，保障采购人员的正当权益。

三、采购人员的考核

企业应明确采购质量、数量、价格等考核指标，实施"采购成本、采购质量"否决制，并将考核指标分解到每一个采购人员。对于采购质量和采购成本没有达到要求的采购人员，应进行相应处理。

1.量化业务目标

在年初（或年底）和年中，可集中开展员工绩效考核和职业规划设计。对采购部门的人员来说，考核也是对采购业绩的回顾和评价，为未来目标的制定提供了依据。

在考核中，可交替运用两套指标体系，即业务指标体系和个人素质指标体系。

（1）业务指标体系

业务指标体系主要包括采购成本是否降低、在卖方市场上是否维持了原有的成本水平、采购质量是否提高、质量问题造成的损失是否得到有效的控制、供应商的服务是否增值、采购是否有效地支持了其他部门工作，以及生产部门、采购管理水平和技能是否得到提高。

这些指标还可以进一步细化，如采购成本可以细化为购买费用、运输成本、废弃成本、订货成本、期限成本、仓储成本等。把这些指标一一量化，与上半年相同指标进行对比所得的综合评价，就是业务绩效。

（2）个人素质指标体系

对个人素质的评价相对会灵活一些，因为它不仅包括采购人员现有的能力，还包括他们上升的幅度和潜力。其主要内容包括谈判技巧、沟通技巧、合作能力、创新能力、决策能力等。这些能力评价都是与业绩评价联系在一起的，主要针对业绩表现不尽如人意以及需进一步提升个人能力的人员，对此，可为员工安排内部的或外部的培训。

2.实施考核

接下来要按规定的期间对采购人员进行绩效考核，同时，每年还应定期走访供应商（分承包方）。因为这样可以考察、了解供应商的能力、信誉和产品质量与价格；还可以了解与该供应商有关的采购人员的业务能力及其他方面情况。

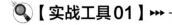 【实战工具01】▶▶▶---

采购人员绩效考核表

第一部分　工作任务完成情况评价

序号	考核项目	定义	衡量标准	权重	完成情况	考评得分	备注
1	管理制度及工作流程的执行	1.违反公司管理制度及工作流程，扣1分/次 2.违反公司管理制度及工作流程，且给公司造成损失，直接责任人扣5分及以上，间接责任人扣2～5分					
2	采购及时性	未按采购计划的进度完成物资采购，根据延误时间，扣2～5分/日					

序号	考核项目	定义	衡量标准	权重	完成情况	考评得分	备注
3	采购入库手续及时性	采购物料验收手续办理不及时，扣2～5分/次					
4	采购资金计划报表的提交	采购资金计划报表提交不及时或出现错误，扣2～5分/次					
5	采购单据与台账的制定	未及时、准确制定采购物料相关单据与物料采购台账，扣2～5分/次					
6	物料入库的及时性	通知质检人员验收采购物料不及时或采购物料未及时入库，扣2～5分/次					
7	货运及时性	提货、发货与退货工作延误，扣2～5分/日					
8	发票取得的及时性	未按公司规定及时取得采购物料发票并传递到财务部，扣2～5分/日；发票所附的附件不齐全，扣2～5分/份					
9	采购差错	若采购的物料出现数量差异，根据差异大小扣5～10分/次					
10	合理化建议的提出	提出合理化建议被采纳并在部门中实施的，可酌情加2～5分/次；在公司实施的，加5～10分/次					
11	客户满意度	因工作原因被公司内部或客户投诉的，视情节轻重，扣2～5分/次					
12	上级交办的其他工作	没有及时完成工作或上级对完成情况不满意的，扣2～5分/次					
工作任务完成情况评价得分							

第二部分 满意度指标评价

序号	评价维度	定义	权重	上级评分
1	工作绩效	完成工作的数量、质量、效率	10	
2	专业知识	胜任本职工作所需具备的基础知识、专业知识、理论水平	10	
3	专业技能	完成本职工作所需技术、技巧、经验	10	
4	创新能力	在工作中，能够运用相关理论知识开展调查研究，并提出合理建议、创新方案	10	
5	理解力、判断力	能准确领会领导意图，正确地运用知识、经验，分析问题，判断问题	10	

序号	评价维度	定义	权重	上级评分
6	沟通能力	在尊重对方的前提下，能阐明自己的主张，并使对方理解、采纳或认可	10	
7	学习与发展能力	热爱本职工作，具有明确的发展目标，不断进取，努力学习业务技术知识和相关技能	10	
8	公司认可度	对企业文化、企业理念、组织管理、领导风格等的认同、参与、拥护及热爱程度	10	
9	积极性和责任感	能明确自己的工作目标，保持旺盛的工作热情，不斤斤计较和消极怠工	10	
10	协作性	团队意识强，服从工作安排，具有奉献精神，无自作主张和为私利排斥公司的行为	10	
评分合计			100	

第三部分　综合评价

年度业绩考核得分	
工作任务完成情况评价得分	
上级满意度考核得分	
综合考核得分＝（工作任务完成情况评价得分×60%+上级满意度考核得分×40%）	
任职资格确认或建议：□胜任　□基本胜任　□不能胜任，建议换岗 □其他：_____	
部门领导：　　　　　　　　年　　月　　日	
分管领导：　　　　　　　　年　　月　　日	
总经理：　　　　　　　　　年　　月　　日	

3.等级评价与处理

在完成评价之后，把员工划分成若干个等级，或给予晋升、奖励，或维持现状，或给予警告或辞退。因此可以说，半年一次的绩效考核与员工的切身利益是紧密联系在一起的。

在绩效考核结束之后，应开展职业规划设计。职业规划设计包含下半年的主要业务指标和为完成这些指标所需要的行动计划。

下面提供一份××电器有限公司采购绩效评估办法的范本，仅供参考。

范本

××电器有限公司采购绩效评估办法

一、编制目的

为提高采购人员的士气，提升各项采购绩效，特制定本办法。

二、适用范围

本公司采购人员的绩效评估，依本办法执行。

三、具体内容

1.采购绩效评估的目的

采购绩效评估的目的，包括以下几项。

（1）确保采购目标的达成。

（2）提供改进绩效的依据。

（3）作为个人或部门奖惩的参考。

（4）作为个人升迁、培训的参考。

（5）提高采购人员的士气。

2.采购绩效评估的指标

采购人员绩效评估应以"5R"为核心，即适时、适质、适量、适价、适地，并用量化指标作为考核的标准。

（1）时间绩效指标

① 停工断料影响的工时。

② 紧急采购（如空运）的费用差额。

（2）品质绩效指标

① 进料品质合格率。

② 物料使用的不良率或退货率。

（3）数量绩效指标

① 呆滞物料金额。

② 呆滞物料处理损失的金额。

③ 库存金额。

④ 库存周转率。

（4）价格绩效指标

① 实际价格与标准成本的差额。

② 实际价格与过去移动平均价格的差额。

③ 使用时的价格和采购时的价格的差额。

④ 当期采购价格与基期采购价格的比率同当期物价指数与基期物价指数的比率的比较。

（5）效率绩效指标

① 采购金额。

② 采购金额占销货收入的百分比。

③ 采购部门的费用。

④ 新开发供应商的数量。

⑤ 采购完成率。

⑥ 错误采购次数。

⑦ 订单处理的时间。

⑧ 其他指标。

3. 采购绩效评估的方式

本公司采购人员的绩效评估，采用目标管理与工作表现相结合的方式。

（1）绩效评估说明

① 目标管理考核占采购员绩效评估的70%。

② 公司人事考核（工作表现）占绩效评估的30%。

③ 两次考核的总和即为采购人员的绩效，绩效分数＝目标管理考核×70%＋工作表现考核×30%。

（2）目标管理考核规定

① 每年12月，公司制定年度目标与预算。

② 采购部根据公司营业目标与预算，提出本部门次年度的工作目标。

③ 采购部各级人员根据部门工作目标，制定个人次年度的工作目标。

④ 采购部个人次年度的工作目标经采购部主管审核后，报人事部门存档。

⑤ 采购部依目标管理卡逐月对采购员进行绩效评估。

⑥ 目标管理卡由个人自填、主管审核。

（3）工作表现考核规定

① 依公司有关绩效考核的规定进行，参照员工绩效考核管理方法。

② 由直属主管每月对下属的工作表现进行考核，并报上一级主管核准。

（4）绩效评估奖惩规定

① 依公司有关绩效奖惩管理规定支付绩效资金。

② 年度考核分数在80分以上的人员，次年度可晋升一级至三级，具体视公司整体工资制度而定。

③ 拟晋升职务等级的采购员，年度考核分数应高于85分。

④ 年度考核分数低于60分者，应调离采购岗位。

⑤ 年度考核分数在60 ～ 80分者，应加强职能训练，提升工作绩效。

4.附件

采购目标管理卡、采购人员绩效考核表。

四、采购人员的监控

采购人员是采购活动的执行者，也是确保采购活动顺利进行的关键。因此，企业要提高采购人员的素质，避免和消除采购活动中存在的假公济私、行贿受贿、贪污腐败、损害企业利益等行为。

完善的采购监控制度可以规范采购人员的行为及采购作业流程，从而确保采购活动顺利完成。主要的采购监控制度具体如表1-9所示。

表1-9　采购监控制度

序号	监控制度	具体说明
1	采购请示制度	采购请示制度也是采购过程的审批制度，不同的企业，采购请示的权限也不同，但每个企业必须制定出合理的审批制度
2	资金管理制度	企业应建立严格的资金管理制度，对资金使用的各环节加以监控。特别是货款的支付，要充分考虑供应商的信用情况，从而降低采购风险
3	采购控制程序	建立采购控制程序的目的是使采购工作有所依循，明确适质、适量的采购职能，主要内容包括各部门、有关人员的职责；采购程序要点；采购流程图以及与采购相关的文件和表格等

序号	监控制度	具体说明
4	采购规范	采购规范是指将所采购物料的规格详细地记录下来，形成约束供应商的规范，具体包括产品商标或商品名称、图纸或规格表、化学分析或物理特性、材料明细表、制造方法、用途及使用说明、标准规格及样品等
5	采购作业规定	采购作业规定是指采购作业的信息收集，询价采购、比价采购或者议价采购，供应商的评估、选择，签订采购合同，与供应商的协调沟通，以及催交、进货验收、整理付款等相关规定
6	物料与采购管理系统	该系统包括物料分类编号，存量控制，请购作业，采购作业，验收作业，仓储作业，领料、发料作业，成品仓储管理，呆滞、废料处理等有关规定
7	外协加工管理办法	这是对外协厂的管理，具体包括外协加工的目的、范围、类别、厂商调查、选定方法及基准，试用，询价，签订合同，外协质量控制，付款，模具管理，外协厂商辅导以及考核等规定
8	进料验收管理办法	其目的是使物料的验收以及入库作业有据可依，采购人员在进行具体验收时应严格遵守该办法

五、采购人员的稽核

采购人员稽核的目的在于确保采购人员的行为符合企业的规范。企业应查核采购人员有无为自己或为他人而牺牲企业利益的行为，借此培养采购人员的职业道德观念。

对采购人员的稽核，采购负责人可从以下方面着手，然后抽丝剥茧，掌握采购人员违反行为规范的事实。

1.选择错误的采购对象

若采购人员选择的采购对象并非该项货品的专业供应商，或采购的货品并非采购对象的主要营业项目，则可能存在舞弊行为。

2.故意通过中间商购买

某些货品在国内有总代理或经销商，采购人员不从此种配销渠道购买，而从其他无正式代理配销资格的供应商处采购。或者，某些货品可直接从原制造供应商购买，却从中间商处购入。这两种情形，除非有特殊因素，否则，采购人员有"图利他人"的嫌疑。

3.采购数量集中一家

当采购的货品不是特殊品，符合报价资格的供应商为数不少，而且企业亦经常举行询价，但中标的供应商总是固定某一家，这说明买卖双方之间有不当的"默契"，或供应商有"图标"的行为。

4.准购单越级审核

有些采购主管人员尽职尽责，对各种可能的弊端，能在审核准购单时事先防范与纠正，使心怀不轨的采购人员几乎无机可乘。但居心不良的采购人员可能会利用采购主管人员出差或请假的时候，将准购单越级呈报上级主管签核，从而实施舞弊行为。

因此，采购主管人员对于未经其亲自审核的准购单，应在事后详加盘查，及时发现采购人员的违规行为。

5.报价单的笔迹与图章可疑

某些采购人员为"保障"某一供应商中标，可能会让报价供应商提供不实的报价单，以图蒙混过关（有三家以上报价等）。

在此情况下，有时几张不同供应商的报价单笔迹可能出自同一人；有时采购人员会故意将"陪标"供应商的地址或电话弄得模糊不清，以防采购主管人员追查。经验丰富的采购主管人员，会注意到这些"欲盖弥彰"的报价单，查出"蛛丝马迹"，进而发现弊端。

6.生活阔绰，行为怪异

有些采购人员与供应商勾结并获取不当利益后，会无法掩藏暴富的心态，展现出"生活富足、出手阔绰"的气派；有些采购人员与供应商过往甚密，经常交头接耳，形同"最佳拍档"。

此种现象，采购主管人员应予以注意，并设法深入调查该采购人员经办的案件，确认其是否有不轨之处。

7.信函检举

有些供应商无法容忍采购人员贪得无厌，可能会以信函方式向企业揭发其强索回扣的事情。因此，采购主管人员及稽核人员可以明察暗访，搜集采购人员的违规证据。

8.争取供应商的合作

所谓"道高一尺，魔高一丈"，若采购人员与供应商勾结，当采购案件繁多时，采购主管人员可能会仓促签核，难免百密一疏；而稽核人员一般缺乏专业技巧，举证不易。因此，如果能争取供应商的合作，则稽核工作一定会事半功倍。

不管是采购主管人员还是稽核人员，在约谈供应商之前，最好能掌握一些线索，有的放矢。

第二章

供应商管理

供应商管理的目标是确保供应商在质量、交付时限和成本方面达到或超过买方的期望。有效的供应商管理包括提高商品和服务质量、确保及时交付、降低成本以及改善与供应商的关系。此外，通过供应商绩效管理，企业可以降低自身运营中断的风险。

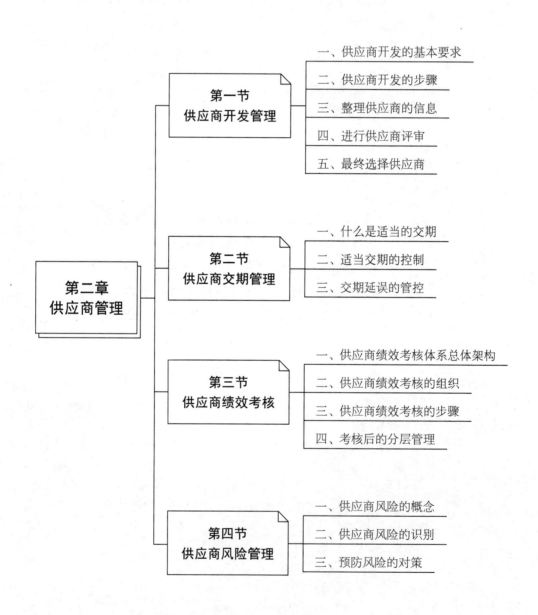

第一节　供应商开发管理

做好供应商的开发与管理工作是采购工作顺利进行的前提与保证，也是采购经理工作的着力点。供应商开发与管理的好坏直接体现了采购经理的能力。供应商需要有严格的质量管控体系和一定的研发实力，能满足市场多样化的需求，为企业的低成本采购战略提供坚实保障。

一、供应商开发的基本要求

供应商开发的基本要求是"Q.C.D.S"原则，也就是质量、成本、交付与服务并重的原则，具体如表2-1所示。

表2-1　供应商开发的要求

序号	要求	具体说明
1	质量	（1）确认供应商是否有一套稳定有效的质量保证体系 （2）确认供应商是否具有生产所需的设备和工艺能力
2	成本	要运用价值工程的方法对所涉及的产品进行成本分析，并通过价格谈判实现成本节约
3	交付	确定供应商是否拥有足够的生产能力，人力资源是否充足，有没有扩大产能的潜力，企业信用状况是否良好
4	服务	考察供应商是否有较好的售前、售后服务

二、供应商开发的步骤

供应商管理是企业采购管理的一个重要组成部分，也是控制企业成本的关键。供应商的开发步骤如图2-1所示。

1.分析供应商的分类市场

在供应商开发的过程中，首先要对特定的分类市场进行分析，清楚市场的领导者、市场的发展趋势与各大供应商的市场定位，从而对潜在供应商有一个大概的了解。

2.建立初步的供应商数据库

一般来说，可将供应商分为电子、机械、辅助材料三大类。电子类可进一步分为

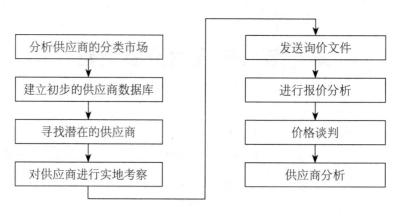

图2-1 供应商开发的步骤

电路板、电阻、电容、电感、二三极管、集成电路等；机械类细分为塑料件、金属件、包装用品等；辅助材料类包括化学品、标签、胶带等杂物。

3.寻找潜在的供应商

对市场进行详细分析后，就可以通过各种公开信息和公开渠道得到供应商的联系方式。这些渠道包括现有资料分析、供应商的主动问询和介绍、专业媒体广告、互联网搜索等。

4.对供应商进行实地考察

寻找到供应商后，需要对其进行考察，以确定是否有进一步合作的可能性。考察的内容包括供应商的管理能力、对合同的理解能力、设备生产能力、产品衡量和控制能力、员工技术能力、采取纠正措施的能力以及以往的绩效记录等。

5.发送询价文件

对供应商审核完成后，向合格供应商发出书面询价单。在询价的过程中，为使供应商不发生报价上的错误，通常会附送辅助性的文件，例如工程发包的规范书、物料分期运送的数量明细表。有时候企业对于形状特殊且无标准规格的零件或物品，也可提供样品给供应商参考。

询价单发出后，应要求供应商在指定的日期内完成报价。

6.进行报价分析

企业收到报价单后，要对条款仔细分析，如果其中有疑问，应要求供应商用书面形式澄清，包括传真、电子邮件等。如果必要的话，还应要求供应商进行成本清单报价，列出材料成本、人工成本、管理费用，以及利润率。

7.价格谈判

在价格谈判之前，企业一定要做好充分的准备工作，设定合理的目标价格。对于小批量产品，谈判的核心是交货期，要求供应商能按时交货；对流水线、连续生产的产品，核心是价格，但一定要保证供应商有合理的利润空间。

8.供应商分析

在做好上述工作后，应综合考虑各方面的因素，对供应商作出分析，为最终选择供应商做好准备。

🔍【实战工具02】▶▶--

供应商调查表

致：	发出：		调查编号：	表格编号：
公司名称：			调查人员及职位：	
地址：			邮编：	
电话：			传真：	
创立时间：			厂房面积：	
总人数：			管理人员数量：	
技术人员数量：			品管人员数量：	
主要客户：				
生产能力：				
计量或仪器校正情况：				
新产品开发能力： □能自主设计开发　　□只能开发简单产品　　□没有自主开发能力				
品质系统已建立如下内容： □品质手册、程序书　　□指导书　　□检验标准　　□工程图纸				
采用并已认证的国际安全标准：				
采用的工艺标准：				
员工培训情况：　□经常正规地进行　　□不经常开展培训				
交货品质出现异常时的联系人：　　　　　　　　品质最高管理负责人：				
公司其他优点：				
可以提供的文件： □ISO认证书　　□安规证书　　□品质手册　　□程序书　　□指导书 □检验标准　　□组织架构图　　□检验设备汇总　　□检验指导书				

调查方式： □ 现场检验　　□ 电话查询　　□ 邮件查询回复		
公司负责人签名：	评估结果：□ 合格　□ 不合格	
填写人签名：	日期：	
产品经理签名：	日期：	

三、整理供应商的信息

在对各供应商完成分析后，应将供应商信息进行整理，具体如图2-2所示。

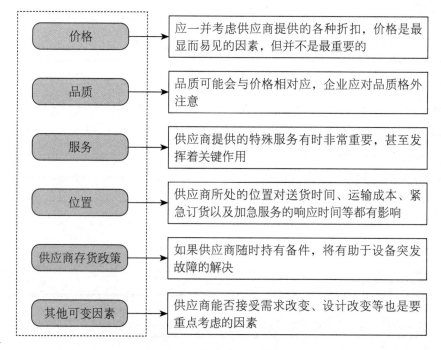

图2-2　供应商信息整理

四、进行供应商评审

在选择供应商时，评审是关键，评审为最终选择供应商提供了依据。

1.成立评审小组

评审小组可包括采购、工程、生产、品质、财务及公共关系等部门人员。必要时，企业还可以成立供应商评审委员会。

2.确定评审的项目

由于各供应商的条件可能相差不大，因此，企业必须确定客观的评审项目，作为选拔合格供应商的依据。主要的评审项目包括图2-3所示的内容。

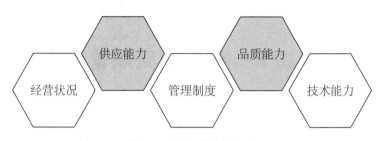

图2-3 评审项目的内容

3.设定评审项目的权数

针对每个评审项目，权衡其重要性，分别给予不同的权数。不过，无论评审项目有多少，各项目权数的总和必定是100%。

每个评审项目的权数，在评选小组各成员之间，必须按专业程度加以分配。比如，对技术能力而言，生产人员所占的权数分配比率，应该比其他组员要高。

4.合格供应商分类分级

合格供应商分类是将各供应商按专业程度予以归类，分级是将各类合格供应商按能力划分等级。分类的目的是避免供应商包办各种采购物件，预防外行人做内行事；分级的目的是防止供应商大小通吃，便于企业选择适当的供应商。

五、最终选择供应商

完成以上步骤后，企业应进行比较分析，选择合适的供应商。在进行最终选择时，应注意图2-4所示的事项。

事项一	如果货物品质没有问题，要优先选择本地供应商
事项二	对于那些信誉不佳的供应商，即使价格低廉，也不予以选择
事项三	设计部门通常按照供应商提供的产品样本进行设计，从而使采购成为一种限制性采购。采购部门必须对这种限制性采购的合理性、标准性和通用性进行调查

图2-4 最终选择时应注意的事项

确定了供应商以后，一定要通知被选中的供应商；同时，也要通知未被选中的供应商。对于未被选中的供应商，还应该告知其落选的原因。

最后，要将供应商的资料存档，并制作合格供应商名录，以方便后续订单的管理。

第二节 供应商交期管理

在快速发展的时代背景下，"交期尽可能短"已成为企业从竞争中胜出的必要条件，对交期进行精细化管理也成为必然趋势。

一、什么是适当的交期

适当的交期是指采购计划的到货时间与生产材料的调配、制造、运送时间及采购人员选定适当的交易对象、购买与议价所必需的时间。如果无视制造业的客观进度，一味强调交货日期较短的订货，必然无法以"适当的价格"取得"良好的货品"。因此，采购人员需要经常和请购部门接触，在友好协商的基础上确定适当的交货日期。

二、适当交期的控制

交期控制可从交货事前计划、交货事中管理、交货事后考核几个方面来进行。

1.交货事前计划

要做好交货管理，企业应有"预防重于治疗"的观念，事前慎重选择有责任感的供应商，并安排合理购运时间，使供应商从容履约。

（1）确定合适的交期

对交期的控制和管理可从图2-5所示的公式中寻求答案。交期条款对产品总成本将产生直接或间接的影响。

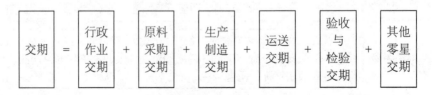

交期 = 行政作业交期 + 原料采购交期 + 生产制造交期 + 运送交期 + 验收与检验交期 + 其他零星交期

图2-5 交期的构成

① 行政作业交期。行政作业时间是采购方与供应商为完成采购行为开展准备工作所需的时间，具体如图2-6所示。

图2-6　行政作业交期

② 原料采购交期。供应商为了完成客户订单，也要从自己的下一级供应商采购必要的原材料，如塑料、金属原料、纸箱等，这需要花费一定的时间。

③ 生产制造交期。生产制造交期是指供应商内部生产线制造产品的时间，基本包括生产线排队时间、准备时间、加工时间、不同工序等候时间以及物料的搬运时间。在非连续性生产中，排队时间占了总时间的一大半。

④ 运送交期。当订单完成后，将产品从供应商的生产地送到客户指定的交货点所花费的时间为运送交期。运送时间的长短与供应商和客户之间的距离、交货频率以及运输方式有直接关系。

⑤ 验收与检验交期。验收与检验交期主要包括图2-7所示的内容。

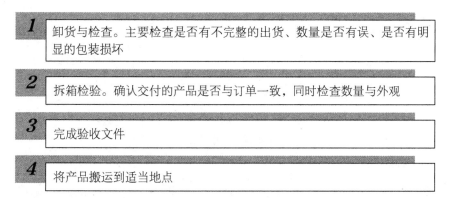

图2-7　验收与检查时间

⑥ 其他零星交期。通常是一些不可预见的外部或内部因素所造成的延误，以及供应商预留的缓冲时间。

（2）确定监视供货进度的方法

采购方在开立订单或签订合约时，就应确定如何监视供货进度。倘若采购的产品并非重要项目，则仅做一般的监视，通常只需注意是否能在规定时间收到验收报表，可用电话查询。但若采购的产品较为重要，可能影响企业的生产经营，则应考虑实施较周密的监视。

（3）审核供应商的供货计划与进度

采购方应审核供应商的供货计划与进度，并从各项资料获得供应商的实际进度。

比如，供应商的流程管理资料、生产汇报资料、实地考察供应商所获得的资料，或供应商送交的定期进度报表。

（4）要求供应商编制预估进度表

如果有必要，采购方可在采购订单或合约中明确要求供应商编制预估进度表。预估进度表应包括供货作业的全部流程，如企划作业、设计作业、采购作业、工厂能力扩充、工具准备、组件制造、次装配作业、总装配作业、完工试验及装箱交运等。此外，供应商还应编制实际进度表，并与预估进度表对照，说明进度延误的原因及改进措施。

（5）确定备选供应商和替代品

供应商不能如期交货的原因颇多，且有些属于不可抗力，因此，采购方应未雨绸缪，多联系其他备选供应商；工程人员也应多寻求替代品，以备不时之需。

（6）加大违约责任

在签订采购合约时，应加大违约或解约责任，使得供应商不敢心存侥幸。不过，必要时应对如期交货的供应商给予奖励或较优厚的付款条件。

2.交货事中管理

（1）订购信息的处理

订购信息应包括订单内容、替代品、供应商等级及生产能力等内容。基本上，可将订购信息按照交易对象、能力、产品等加以区分，其目的是得到正确的信息。因此，订购信息处理得恰当与否，将影响整个交期。

（2）主动查核

未能准时交货的情形通常发生在之前的生产过程中，是计划进度与实际进度发生偏差所致。所以下订单后，采购方要积极地进行查核。

（3）工厂实地查证

对于重要产品的采购，采购方除了要求供应商按期递送进度表外，还应前往供应商的工厂实地访问查证。但此项查证应在合约或订单中明确，必要时可安排专人驻厂监视。

（4）加强供需双方的沟通

供需双方应有综合性的沟通系统，当采购方的需求发生变动，可立即通知供应商，供应商的供货发生变动也可随时通知采购方，交货适时问题便能顺利解决。

（5）销售、生产及采购单位加强联系

由于市场情况变化莫测，因此生产计划若有调整的必要，必须征询本企业采购部门的意见，以便其对送货的数量作出正确的判断，并及时通知供应商，以减少双方的损失。

（6）要严格控制收货

在收货管理方面，应做好图2-8所示的两项工作。

防止提早交货	提高验收速度
提早交货不仅会使企业库存增多，而且会扰乱正常的交期，因此，必须明确交期的范围，并严格加以限制，避免提前付款	对于收到的货品，企业必须迅速进行验收。验收迟滞不仅会使供应商遵守交期的意识降低，而且货品会占用验收场地，有时候生锈或腐蚀等会引起货品品质劣化，因此应明确规定验收作业的流程及时限

图2-8　收货管理应做好的两项工作

 小提示

一旦某供应商发生交货延迟，且短期内无法改善或解决，企业应立即寻找其他供货来源，以免造成更大的损失。

3.交货事后考核

（1）建立绩效指标

企业可以设定指标据以考核交期管理的绩效。以下是几种常见的绩效指标。

交货迟延率（%）＝（每月延迟总批数÷每月交货总批数）×100%

迟延件数率（%）＝（每月交期延迟件数÷每月订单件数）×100%

迟延日数率（%）＝（自订购日起至实际交货日止的日数÷自订购日起至合约交期止的日数）×100%

（2）日常交期资料的记录与统计

对供应商的交货情况，平常要做好记录，这可以通过一些制式的表格来实现。

🔍【实战工具03】▶▶ -

交货达成管制表

订购日期	供应商	品名	规格	数量	应交日期	追踪管制				实交日期	备注
						1	2	3	4		

制表： 审核：

- -

（3）定期对供应商交期进行考核

企业按规定的期间对供应商进行考核。考核的指标、方法及处理措施可在合同中写明，考核的结果也要通知供应商核实。

（4）执行供应商奖惩办法

对交期履行不好的供应商，企业要发出整改通知，积极寻求改善办法，如果实在改善不了，那就选择放弃该供应商；而对于交期履行较好的供应商，则可与其签订长期合约，并采取一些奖励措施。

三、交期延误的管控

如果供应商交期延误的情况常常发生，采购方则要积极分析延误的原因，并探讨解决的办法。

1.分析供应商交期延误的原因

对于供应商不能如期交货的原因，可从以下三方面去分析。

（1）供应商的原因

由供应商引起交期延误的原因有许多，具体说明如表2-2所示。

（2）采购方的原因

由采购方引起交期延误的原因有许多，具体说明如表2-3所示。

表2-2 供应商的原因

序号	原因	具体说明
1	超过生产能力或制造能力不足	超过生产能力或制造能力不足是指供应商基于预防心理，所接受的订单常会超过设备的生产能力，以便部分订单取消时，尚能维持"全能生产"的目标。有时，供应商对采购方的需求状况及验收标准未详加分析就接受订单，最后才发觉力不从心，根本无法制造出符合要求的产品
2	转包不成功	转包不成功是指供应商受设备、技术、人力、成本等因素限制，有时将部分制造工作转包他人，由于承包商未能尽职责，导致产品无法制造完成，从而延误交货
3	制造过程或品质不良	制造过程或品质不良是指有些供应商的制造过程设计不良，导致产出率偏低，从而花费更多时间对不合格制品加以改造；另外，也可能对产品质量的管理欠佳，导致最终产品的合格率偏低，无法满足交货的数量要求
4	材料欠缺	材料欠缺是指供应商因物料管理不当或其他因素导致材料欠缺，延误了交货
5	报价错误	报价错误是指供应商因报价错误或承包价格太低，尚未生产即已预知面临亏损或利润极其微薄，因此交货的意愿不强，或将生产能力转移至其他获利较高的订单上，这样也会延迟交货
6	缺乏责任感	缺乏责任感是指有些供应商争取订单时态度相当积极，可是得到订单后，往往在制造过程中显得漫不经心，对如期交货缺乏责任感，视延迟交货为家常便饭

表2-3 采购方的原因

序号	原因	具体说明
1	紧急订购	紧急订购是指由于人为因素（如库存数量计算错误或库存材料毁于一旦）必须紧急订购，但是供应商没有多余的生产能力来满足临时追加的订单，从而导致停工断料一段时间
2	低价订购	低价订购是指由于订购价格偏低，供应商缺乏交货意愿，甚至借延迟交货来要挟采购方提高价格
3	购运时间不足	购运时间不足是指由于请购部门提出请购需求的时间太晚，比如国外采购需求提前三天才提出，让采购部门措手不及。或由于采购部门在询价、议价、订购的过程中花费太多时间，当供应商接到订单时，没有足够的购料、制造及装运时间
4	规格临时变更	规格临时变更是指供应商制造物品或施工过程中，突然接到采购方变更规格的通知，物品就可能需要拆解重做，工程也可能半途而废。若因规格变更需另行订制或更换新的材料，会使交期延迟情况更加严重

序号	原因	具体说明
5	生产计划不合理	生产计划不合理是指由于采购方对产品销售预测不正确，导致未列入生产计划的产品需求相当急切，因此需要紧急变更生产计划。此举会让供应商一时之间无法充分配合，从而产生交货延迟的情形
6	未能及时供应材料或模具	未能及时供应材料或模具是指采购方的有些物品委托其他供应商加工，因此，采购方必须供应足够的装配材料或模具；采购方若供应不及时，就会导致供应商无法正常工作
7	技术指导不周	技术指导不周是指采购的物品或委托的工程有时需要由采购方提供制作技术，如果采购方指导不周，会影响交货或完工的时间
8	催货不积极	催货不积极是指在市场供不应求时，有些供应商"捉襟见肘"，"挖东墙补西墙"，谁催得紧、逼得凶，或是谁价格出得高，就把物品送到哪，结果催货不积极的买主，到交货日期很可能收不到采购的物品

（3）其他因素

除了供应商与采购方的因素外，还有许多其他因素，具体说明如表2-4所示。

表2-4　导致交期延误的其他因素

序号	原因	具体说明
1	供需双方缺乏协调配合	任何需求计划，不应只追求内容的正确性，还应重视与其他计划之间的配合性。各计划如未能有效配合，可能会造成整体计划的延误。因此，预防交期延误，必须先看计划本身是否健全，然后看供需双方的计划或业务执行的联系
2	采购方法欠妥	以招标方式采购虽较为公平公正，但企业对供应商的承接能力及信用等难以彻底了解。中标之后，中标者也许无法进料生产，也许无法自行生产而予以转包；更为恶劣者，会以利润丰厚的客户优先，故意延误。因此，要避免供应商造成交期延误，应重视供应来源的评估，对有不良记录的供应商应提高警觉，在合约中明确规定交货办法、逾期交货的责任，如要求供应商提供生产计划进度、履约督导或监督办法。签约后，供应商必须依照承诺交货，否则应承担延误交货给采购方造成的损失
3	偶发因素	偶发因素多属不可抗力，主要包括战争、罢工、自然灾害、经济因素、政治因素或法律因素等

（4）引起双方沟通不畅的主要原因

分析交期延误的原因时，会发现供应商与采购方之间的沟通有时会不顺畅，主要原因有许多，具体如表2-5所示。

表2-5　引起双方沟通不畅的主要原因

序号	原因	具体说明
1	采购方未能掌握产能的变动	未能掌握产能的变动是指供应商接受了超过产能的订单，却在交货日期不能完成任务，也不坦诚告知采购方
2	供应商未充分掌握新订产品的规格	未充分掌握新订产品的规格是指供应商尽管想知道更加具体的内容，却担心被采购方拒绝，在未充分掌握产品规格的情况下进行生产
3	采购方未充分掌握供应商机器设备的问题点	未充分掌握机器设备的问题点是指供应商的设备因定期点检而停止操作，或因故障而需要修护等事情，确实不是采购方所能了解的
4	采购方未充分掌握供应商的经营状况	如供应商因资金短缺而无法批量购进材料的情况
5	信息传递不全面	信息传递不全面是指图纸的修订、订货数量的增加、交期的提前等信息未能详细传达给相关人员。这些信息除了口头说明之外，事后补送书面资料也极为重要
6	日程变更说明不充分	日程变更说明不充分是指交货日期提前或延后的信息，未真实地传达给对方，从而出现差错
7	对图纸、规范的了解不充分	对图纸、规范的了解不充分是指有的人视对方的询问、为麻烦，不认真对待，从而出现问题
8	采购方单方面指定交期	单方面指定交期是指未了解供应商的现况，采购方只为方便而指定交期的情形

2.解决交期延误的对策

一般来说，解决交期延误的对策如下。

（1）与供应商进行沟通

当企业发现供应商有交货延误的迹象时，第一步应与供应商进行沟通。及时沟通可以帮助双方共同解决问题，并减少误解或纠纷。在与供应商进行沟通时，应注意表2-6所示的几点。

表2-6　与供应商沟通的注意要点

序号	沟通注意要点	具体说明
1	表示关注	向供应商表明对交货延误的关注，并说明及时交货的重要性和对业务的影响
2	了解原因	询问供应商交货延误的原因，并要求其提供详细的解释，这有助于确定问题的根源，并找出解决方案
3	寻求解决方案	与供应商一起探讨解决问题的方案并达成共识，以免影响企业的业务

（2）调整采购计划

如果无法避免交货延误，采购经理应及时调整采购计划，这可能需要重新安排资源、调整生产方案，具体措施如表2-7所示。

表2-7　调整采购计划的措施

序号	采取措施	具体说明
1	重新安排资源	根据交货延误的时间，重新评估并安排内部资源，以确保生产进度不受影响
2	寻找替代产品或服务	在无法避免延误的情况下，与其他供应商进行紧急联络，寻找替代的产品或服务

（3）监督供应商的履约情况

为了确保供应商遵守交货时间，监督供应商履约成为企业不可或缺的一步，具体措施如表2-8所示。

表2-8　监督供应商履约的措施

序号	采取措施	具体说明
1	建立良好的供应商关系	与关键供应商建立良好的合作关系，提高彼此之间的沟通效率和透明度，有助于降低风险并减少延误的可能性
2	严格监控供应商履约	建立监控供应商履约的机制，例如定期跟踪交货进度、进行供应链审查和质量检查，可及时发现并解决问题，降低供应商交货延误的风险
3	对供应商进行绩效评估	定期评估供应商的绩效，包括交货准时性和质量标准，有助于识别潜在的问题供应商，并采取措施提高供应链的可靠性

（4）建立备用供应链

为了应对突发的交货延误，建立备用供应链，可以帮助企业降低风险，保证采购业务的连续性，具体措施如表2-9所示。

表2-9　建立备用供应链的措施

序号	采取措施	具体说明
1	寻找备用供应商	与多个供应商建立合作关系，并与备用供应商保持良好的沟通，可以及时应对紧急情况
2	建立多样化供应渠道	分散采购来源，避免依赖单一供应商或地区，有助于减少交货延误的可能性
3	制订应急计划	制订应急计划，包括应对交货延误的流程和责任分工，有助于提高企业的应变能力，并减少交货延误对企业造成的负面影响

第三节　供应商绩效考核

供应商绩效考核是对正在与企业合作的供应商的表现所进行的监控和考核，评价结果一方面可以反映供应商执行合约的程度，如果存在偏差，企业可以及时调整，避免出现供货问题；另一方面也为企业后续选拔供应商或者淘汰供应商提供导向。

一、供应商绩效考核体系总体架构

供应商考核体系是对供应商所应达到的状况进行计量评估的体系，同时也是综合考核供应商品质与能力的体系。不同类型、不同规模的企业，其供应商考核体系也不同；同时，企业对不同行业的供应商的要求也不尽相同。因此，企业应根据不同供应商行业制定不同的评分标准，以便更好地管理和正确地评估供应商。

不同行业的供应商，其评分体系也不完全相同，但通常都有交货品质评分、配合状况评分、管理体系评分三个主项，再加上其他项目评分，就组成了供应商考核体系总体架构，如图2-9所示。

图2-9　供应商绩效考核体系总体架构

在实际运作中，企业可设置不同的项目，以及评分时间和次数。

比如，交货品质可根据具体的交货情况每批评估一次或每月、每季评估一次；配合状况一般每季评估一次；管理体系评估，一般是根据ISO 9000的要求，对供应商在初次合作时评估一次，以后每半年或每年评估一次，然后在出现重大质量问题时评估一次；其他项目评估则视具体内容而定。

为了便于管理和运算，通常将总分设定为100分，各项目的权重（或称为比重）用百分比来表示，如图2-10所示。

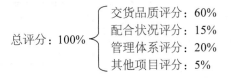

图2-10　各项评分的权重

总评分等于各项得分乘以权重，计算公式为：

总评分=（交货品质评分×60%）+（配合状况评分×15%）+

（管理体系评分×20%）+（其他项目评分×5%）

假如交货品质评分为90分（总分100分），配合状况评分为85分（总分100分），管理体系为90分（总分100分），其他项目评分为80分（总分为100分），则该供应商总评分为：

总评分=90×60%+85×15%+90×20%+80×5%

=54+12.75+18+4

=88.75（分）

🔍【实战工具04】▶▶--

供应商年度考评标准

考评版块		评定内容	分值	标准	考核部门	备注
季度考评×70%	质量	到厂合格率	20	合格率（%）×20	子公司质量管理部门	100分
		过程索赔/反馈次数	10	扣10分/次，可负分		
		供方导致事故次数	35	扣35分/次，可负分		
	交付	交付不及时	5	扣5分/次，可负分	采购部	
		数量不符	5	扣5分/次，可负分		
		未按规定运输、包装	5	扣5分/次，可负分		
	服务	未及时来人解决	10	未按要求期限来人处理，扣10分/次，可负分	子公司相关部门/采购部	
		未及时书面回复	10	未按要求期限书面回复，扣10分/次，可负分		
年度考评		对战略发展的影响程度	10	根据对战略的影响程度得1～10分	考评小组（子公司质量部、稽查监管部、采购供应部）	30分
		供应商品牌/规模	5	世界级得5分，国家级得4分，省级得3分，其他得1分		
		配合度和过程综合评价	5	很好得5分，一般得3分，差不得分		
		ISO 9001体系认证	5	通过质量管理体系认证的得分，不通过的不得分		
		合作年限	5	≥5年，得5分；≥3年，得2分；≥1年，得1分		
总分：						
名次：						

二、供应商绩效考核的组织

供应商绩效考核是一个非常复杂的过程，涉及品质数据、交货数据和成本数据等的采集，数据采集之后还要有大量的计算。此外，考核项目中还涉及主观项目的评分，需要跨部门的人员共同打分。所以一定要明确供应商绩效考核的责任部门和人员。

一般来说，供应商绩效考核由采购部门组织，由品管部门、仓储部门及相关专业技术人员进行评价和选择，并对重要采购产品开展现场评定。各个部门的评价内容不一样，具体如表2-10所示。

表2-10　各个部门的评价内容

序号	部门	评价内容
1	采购部门	（1）文件控制：管理制度、办法、文件的保管及发放，文件更改的控制，现场使用文件的情况 （2）包装、储存及交货：在库品的管理、仓储条件、包装及防护、交货的及时性及服务质量 （3）供应商信誉及产品信誉：历史质量及产品信誉，企业对重大问题（如质量事故）的分析、控制
2	品管部门	（1）质量保证体系：体系结构的完善性，体系文件、记录的完整性和可靠性，全员质量意识和质量教育开展情况，体系运作的有效性 （2）产品设计开发能力与管理 （3）过程控制：工序控制办法、工艺文件、关键工序和特殊工序的控制、产品批次控制、生产人员素质、生产环境、不合格品的控制、生产设备的维护和保养 （4）检验：检验机构、人员，检验依据的文件，检验设备，检验过程控制，检验环境，检验设备的校准，检验的记录，成品检验
3	仓储部门	主要协助采购部门对交货的及时性和服务质量进行评价

三、供应商绩效考核的步骤

供应商绩效考核是供应链管理的基础，也是供应链风险控制的重点。采购经理在对供应商进行绩效考核时，可参考图2-11所示的步骤。

1.确定考核策略，划分考核层次

对供应商进行绩效考核的一般做法是，确定月度考核、季度考核和年度考核（或半年考核）的标准和所针对的供应商。

（1）月度考核一般针对核心供应商及重要供应商，考核的要素以质量和交期为主。

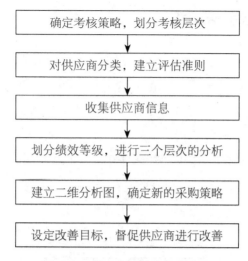

图2-11　供应商绩效考核的步骤

（2）季度考核针对大部分供应商，考核的要素是质量、交期和成本。

（3）年度考核（或半年考核）一般针对所有供应商，考核的要素包括质量、交期、成本、服务和技术合作等。

分层次考核的目的在于抓住重点，对核心供应商的关键指标进行高频次评估，以保证尽早发现合作过程中的问题。对于大部分供应商，主要通过季度考核和年度考核来不断检讨，还可以扩充考核要素进行全面评估。

下面提供一份供应商考核类别及要求的范本，仅供参考。

范本

供应商考核类别及要求

1.月度绩效考核

1.1 考核时间：每个财政月度月结后的第一周。

1.2 考核表格：供应商月度绩效考核表、供应商绩效记分卡。

1.3 考核项目及评估部门：

（1）供货品质，由IQC负责。

（2）交货及时性，由PMC负责（考核交货及时性时要考虑"附加运费情况"）。

（3）成本因素，由采购部负责。

（4）抱怨处理，由SQE负责。

1.4 考核结果与等级划分：

（1）91～100分，A等级。

（2）85～90分，AB等级。

（3）75～84分，B等级。

（4）低于74分，低等级。

1.5　考核及通知供应商的步骤。

编制供应商月度绩效考核表→评估供应商绩效（IQC→SQE→PMC→采购）→总经理签字→编制月度供应商绩效记分卡→打印→盖章→将供应商绩效记分卡交给供应商。

注：此过程必须在10个工作日内完成。

步骤说明：

每个财政月度月结后的第一个工作日，由IQC指定人员根据当月供应商的来料情况，对来料大于（或等于）5批的供应商编制供应商月度绩效考核表，按照IQC→SQE→PMC→采购的顺序分别对供应商的各个考核项目进行评分，经品管部和物流部以及采购部各部门经理共同审核后，呈总经理签字认可。采购部安排专人根据认可的供应商月度绩效考核表编制各个供应商的月度供应商绩效记分卡，打印并加盖企业印章后，再通过传真或邮件、快递的方式交给供应商。

2.年度绩效考核

2.1　考核时间：新财政年度的第三周。

2.2　考核表格：供应商年度绩效考核表、供应商绩效记分卡。

2.3　考核项目及评估部门：

（1）供货品质，由IQC负责。

（2）交货及时性，由PMC负责（考核交货及时性时要考虑"附加运费情况"）。

（3）成本因素，由采购部负责。

（4）抱怨处理，由SQE负责。

2.4　考核结果与等级划分：

（1）91～100分，A等级。

（2）85～90分，AB等级。

（3）75～84分，B等级。

（4）低于74分，低等级。

2.5　考核及通知供应商的步骤。

编制供应商年度绩效考核表→品管部审核→物流部审核→采购部审核→总

经理签字→编制供应商绩效记分卡→打印→盖章→将供应商绩效记分卡交给供应商。

注：此过程必须在10个工作日内完成。

步骤说明：

新财政年度第三周的第一个工作日，由IQC指定人员根据上一财政年度的供应商月度绩效考核表，对供货大于（或等于）6个月的供应商编制供应商年度绩效考核表，经品管部和物流部以及采购部各部门经理共同审核后，呈总经理签字认可。采购部安排专人根据认可的供应商年度绩效考核表和认可的年度供应商审核计划编制年度供应商绩效记分卡，打印并加盖企业印章后，再通过传真、邮件、快递的方式交给供应商。

3.定期绩效考核

3.1 考核时间：依据供应商审核计划的时间考核。

3.2 考核表格：供应商（分包方）评估报告。

3.3 考核项目：

（1）定期评估（必选项），供货品质、交货及时性、成本因素、抱怨处理。（考核交货及时性时要考虑"附加运费情况"）

（2）现场评估（可选项）。

3.4 定期评估结论如下表所示。

评估部门	评估项目	A等级（21～25分）	AB等级（16～20）分	B等级（11～15分）	低等级（0～10分）
IQC	供货质量	产品年度不良率为0	产品年度不良率≤100×10^{-6}	产品年度不良率控制在100×10^{-6}～250×10^{-6}	产品年度不良率≥250×10^{-6}
SQE	质量改进	能主动进行质量改进	接到通知后能对产品质量问题及时改进，并主动跟踪改进效果	对产品质量问题在反复催促下才进行改进	对产品质量问题不改进或无力改进
PMC	交付能力	生产能力强，交付及时，供货进度始终能满足生产要求；没有产生附加运费	生产能力较强，供货进度基本能满足生产要求；产生了附加运费（1～5笔之间）	成批生产能力差，供货不够及时，因供货进度问题偶尔影响生产进度；产生了附加运费（6～10笔之间）	成批生产能力差，供货不及时，因供货进度问题经常影响生产进度；产生了附加运费（11笔以上）

续表

评估部门	评估项目	A等级 （21～25分）	AB等级 （16～20）分	B等级 （11～15分）	低等级 （0～10分）
PUR	成本	价格合理，随着批量增加，能主动降价≥5%	价格合理，随着批量增加，根据要求能合理降价3%～5%	产品价位偏高，随着批量增加，根据要求能合理降价≤3%	产品价位高，有暴利嫌疑，且不同意降价
结论		定期评估的各项考核结果均≥11分，则定期考核结论为"符合"，反之为"不符合"			

3.5　现场评估：

（1）＞74分，符合。

（2）≤74分，不符合。

3.6　定期绩效考核成绩：

（1）定期评估结论和现场评估结论均为"符合"或"合格"，则最终评估结果为"合格"。

（2）定期评估结论和现场评估结论任一项出现"不符合"或"不合格"，则最终评估结果为"不合格"。

3.7　考核及通知供应商步骤。

制订供应商审核计划→审核（品管部→采购部）→总经理签字→副本提供给采购部→编制供应商绩效记分卡→打印→盖章→将供应商绩效记分卡交给供应商→实施定期绩效考核→审批供应商（分包方）评估报告→考核结果通知供应商→将供应商（分包方）评估报告存档。

注：供应商审核小组必须按供应商审核计划实施；若有变更，必须修改供应商审核计划，并得到批准。

步骤说明：

SQE根据认可的年度供应商年度绩效考核表编制下一年度的供应商审核计划，经品管部和采购部部门经理审核后，呈总经理签字认可。若供应商属于每月交易额很小或专业性强及海外供应商和代理商等，在供应商审核计划里可以不安排现场审核。采购部安排专人根据认可的年度供应商年度绩效考核表和认可的年度供应商审核计划副本编制供应商的年度供应商绩效记分卡，打印并加盖企业印章后，再通过传真、邮件、快递的方式交给供应商。供应商审核小组根据认可的年度供应商审核计划实施定期绩效考核，将结果汇总到供应商（分包方）评估报告上，报供应商审核小组审核后，呈总经理签字认可。采购部将供应商定期绩效考核结果通知供应商后，供应商（分包方）评估报告由采购部存档。

2.对供应商分类，建立评估准则

确定考核策略和考核层次之后，接下来要对供应商进行分类，进一步建立评估细分准则。这一阶段的重点是对供应商提供的产品分类，对不同类别的供应商建立不同的评估准则，包括不同的评估指标和每个指标所对应的权重。

比如，某电子制造企业在供应商月度评估时，对IC类供应商和结构件供应商进行考核。对于IC类供应商，供货周期和交货准时性是关键的评估指标；而对于结构件来说，供货弹性、交货及时性和质量是关键的评估指标。

对供应商进行考核，一般采用平衡记分卡。

比如，某制造企业于2017年第二季度对某结构类供应商进行季度考核，考核表中设定了成本、质量、交期和服务四个主要评估要素，并对每个要素设定了相应的权重；针对每个主要评估要素，又分别设定了具体的评估指标以及相应的权重。

小提示

考核策略需要根据不同层次、不同类别供应商，结合企业具体的管理策略进行定义。

3.收集供应商信息

供应商信息主要是供应商为企业提供物品的过程中所产生的各种信息，包括质量、价格、交货及时性、包装符合性、服务与工作配合等。

4.划分绩效等级，进行三个层次的分析

采用平衡计分卡对供应商的每一项指标进行具体考核后，接下来要对供应商的绩效表现划分等级，比如将供应商绩效分成五个等级，这样可以清楚地衡量每家供应商的表现。

掌握了每家供应商的表现之后，要有针对性地对考核结果分类，并采取不同的管理策略。进行供应商绩效分析，可从图2-12所示的三个层次进行。

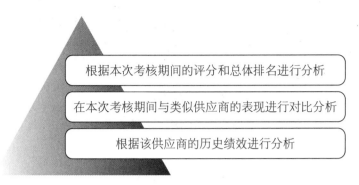

图2-12 供应商绩效分析

通过这些不同维度的分析，可以看出每家供应商在单次考核期间的绩效情况、供应商在同类供应商中所处的水平、供应商的稳定性和绩效改善情况等，从而对供应商的表现有一个清晰全面的了解。

5.建立二维分析图，确定新的采购策略

根据供应商的绩效表现对供应商进行重新分类后，可以有针对性地调整采购战略。可以以供应商绩效和考核期间的采购金额为轴，绘制二维分析图，x 轴表示供应商绩效，y 轴表示本期采购金额。如图2-13所示，每一个圆代表一家供应商，圆的半径则表示企业向该供应商采购的数量。

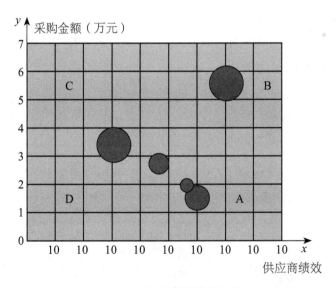

图2-13 供应商绩效分析图

图示说明：

把上图分成A、B、C、D四个象限，在A、B两个象限中，供应商绩效相对良好，因此，无论向该供应商购买多少金额的产品，企业都可以暂时不给予太多关注。

C象限表示向该供应商购买的金额很大，而该供应商的绩效并不好，这需要企业给予较多关注。针对这一部分，企业要根据实际情况尽快作出决定，是寻找替代供应商，还是要求供应商采取措施进行改善。

处于D象限的供应商，绩效不好但向其采购的金额也不大。通常，处于这一部分的供应商都不是关键的供应商或不可替代的供应商，企业完全可以采用更换供应商的方式进行调整。

6.设定改善目标，督促供应商进行改善

把供应商分类之后，对于希望与之继续合作但表现不够好的供应商，企业要尽快设定供应商改善目标。改善的目标一定要明确，要让供应商将精力放在需要改善的主要方面。

比如，绩效考核之后，供应商有五项指标不好，但企业希望供应商尽快对其中的两项指标进行改善，那么就将这两项指标及企业希望达到的标准反馈给供应商，从而让供应商的改善效果同企业的期望达成一致。

四、考核后的分层管理

根据供应商的综合考核得分，企业可将供应商划分为优选供应商、合格供应商和问题供应商三个级别，并分别制定合作策略，解决市场变化引发的问题，从而规避风险，具体如图2-14所示。

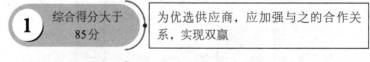

1	综合得分大于85分	为优选供应商，应加强与之的合作关系，实现双赢
2	综合得分为70～85分	为合格供应商，应逐步改进、优化双方的合作关系，实现风险共担
3	综合得分小于70分	为问题供应商，应视情况调整与其的合作策略。若该级别供应商为垄断性质的供应商，企业应改善与其的关系，努力使其成为合格供应商或风险共担供应商；若该级别供应商为非垄断性质供应商，则应舍弃该供应商，并积极引入其他供应商

图2-14　供应商分层管理说明

第四节　供应商风险管理

随着时代的发展，供应商与企业的关系已由最初的纯粹买卖关系发展成为合作伙伴关系。在整个供应链体系中，供应商与上下游企业环环相扣，链条的断裂将严重制约企业的发展。因此，对供应商风险进行科学的评估，设定合理的管控措施，是维持企业正常运营的必要条件。

一、供应商风险的概念

供应商风险是指供应商自身原因造成的需求方风险。供应商风险的引发因素包括外部环境因素，如自然灾害、经济危机等，以及供应商自身的一些因素。

二、供应商风险的识别

供应商风险可以从供应商自身和所处的环境两方面分析识别，例如，供应商自身的技术、资金、生产、管理、信誉等，以及面临的自然环境、社会环境等。

另外，企业与供应商之间的关联程度也是风险来源之一。对于供应商风险识别，企业可从表2-11所示的12个方面进行，并在此基础上确定供应商的指标体系。

表2-11　供应商风险识别指标

序号	指标项目	具体说明
1	财务状况	净资产收益率、利润增长率、资产负债率
2	管理与组织能力	生产组织能力、人员管理能力、管理制度
3	技术能力	技术开发人员占比、技术研发费用比重、人均技术水平
4	交货能力	交货准时率、交货达标率、订货满意率
5	设备设施水平	设备生产能力、设备先进程度、设施设备使用率、基础设施完整性
6	发展前景	市场占有率、销售收入增长率、市场竞争程度
7	企业信誉	订单完成率、服务水平、合作忠诚度和开放度
8	价格水平	产品价格、价格趋势
9	企业文化	企业战略一致性、企业文化兼容性
10	产品质量	产品合格率、质量控制水平、产品增值性
11	自然、地理环境	地理位置、自然灾害
12	社会环境	政治环境、经济环境、社会环境

（1）财务水平。虽然反映供应商财务情况的指标比较多，但企业应重点考虑供应商用于生产的资金充足率，从长期合作的角度来看，还需要评价供应商的盈利能力和经营安全程度。

（2）管理与组织能力。反映供应商组织和管理水平的主要指标包括生产组织能力、人员管理能力和管理制度的建立情况。

（3）技术能力。供应商的技术水平主要用技术开发人员占比、技术研发费用占比、人均技术水平等指标来衡量。

（4）交货能力。供应商的供货水平是企业重点关注的指标，因为它可直接影响企业生产销售等各个领域。交货能力主要用交货准时率、货物达标率、订货满意率等几个指标来衡量。

（5）设备设施水平。供应商的设施水平主要用设备先进程度、设施设备的使用率、设备的产能、企业基础设施完整性等指标来衡量。

（6）发展前景。供应商的发展前景也是企业评价供应商不可或缺的指标，主要包括市场占有率、销售收入增长率和资产投入增长率。

（7）企业信誉。这一指标对供应商来说十分重要，主要包括订单完成率、服务水平、合作忠诚度和开放度。

（8）价格水平。供应商能否降低零部件成本，关系着企业产品的定价和产品的竞争力。如果供应商不能有效地降低成本，那么企业的发展势必会受到一定的影响。主要指标有产品当期价格和产品价格的变化趋势。

（9）企业文化。供应商的企业文化和本企业的文化是否兼容，企业目标和战略是否一致，对两者之间的合作至关重要。

（10）产品质量。供应商产品的质量直接影响下游企业产品的质量。主要指标有产品合格率、质量控制水平和产品增值性。

（11）自然、地理环境。供应商所处地理位置、交通便利性、自然灾害情况等是企业不应忽视的自然环境因素。

（12）社会环境。企业的供应商可能遍布全球，企业所在国的政治环境、人文环境、市场成熟度等对供应商来说有着重要的影响。

三、预防风险的对策

企业需要采取有效的对策，及早预防风险，确保供应商管理的安全及高效运行，具体对策如图2-15所示。

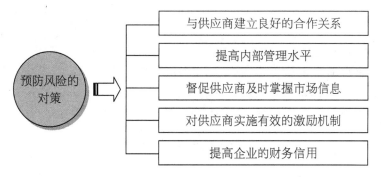

图2-15　预防风险的对策

1.与供应商建立良好的合作关系

企业与供应商之间应建立有效的合作机制，提高风险的应对能力。当存在风险时，企业与供应商可以友好协商，提出有效的解决策略。当供应商的售后服务出现问题时，企业可与供应商共同寻求解决的方法，以便有效地降低风险，确保二者之间的良好关系。

此外，企业应该注重与后备供应商的联系，不能依靠单一的供应商，要合理安排货物的供应，当其中一个供应商出现问题时，企业可从后备的供应商中获得产品，从而减少缺货或者断货的情况，有效提高对供应商的管理能力，减少经济损失。

2.提高内部管理能力

企业应慎重选择供应商，加强过程跟踪控制，从一开始就杜绝问题的发生。

首先，企业考察新供应商时，要对其生产能力与技术水平以及财务状况等作出客观的分析与评估。"门当户对"是许多企业选择供应商的标准。

其次，采购人员应及时跟踪，发现风险，及时报告，使企业能在第一时间采取措施，防止事态恶化。

最后，在对供应商进行绩效评估时，也要注重对风险的评估。

3.督促供应商及时掌握市场信息

当今社会，市场竞争越来越激烈，快速掌握市场信息与市场动态对供应商来说至关重要。供应商想要取得成功，不仅要全面了解采购企业，还要预估市场的需求信息。以降低供货风险。企业也应与供应商交换市场方面的信息，有效防止投机行为的发生。

此外，企业应与供应商进行沟通、交流，共同制定作业计划、成本及质量控制措施，保证双方获取的信息准确有效。

小提示

　　企业与供应商之间可利用因特网、电子数据交换技术实现数据的传输、信息的共享，从而减少信息传递不畅导致的风险。

4. 对供应商建立有效的激励机制

　　企业建立有效的激励机制，能够有效减少供应商风险。企业建立供应商激励机制，应本着公平公正的原则，对供应商进行合理评价，帮助供应商持续改进不足；企业应建立互惠互利的合同机制，稳固双方的供需合作关系。企业应对供应商给予帮助，协助供应商改进质量、降低成本及加快产品研发进度，提高供应商的生产效率，降低企业的交易及管理成本。

5. 提高企业的财务信用

　　大多数企业采购产品时都会采取预付或者是只交部分定金的方式，因为制造业的成本相对偏高，预付金额与定金的数额偏大。由此企业的财务信用对供应商来说至关重要，企业对供应商要有诚信，这样供应商才能按时、保质、保量交货。

第三章

采购过程管理

采购过程管理是企业提高经济效益和市场竞争能力的重要手段之一，在企业管理中具有重要的战略地位。一个企业能否持续发展，很大程度上取决于其采用的采购管理方式。

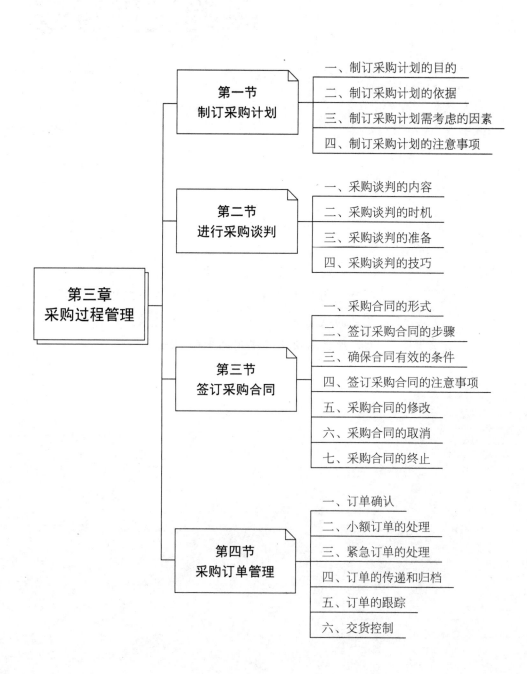

第三章
采购过程管理

第一节
制订采购计划
一、制订采购计划的目的
二、制订采购计划的依据
三、制订采购计划需考虑的因素
四、制订采购计划的注意事项

第二节
进行采购谈判
一、采购谈判的内容
二、采购谈判的时机
三、采购谈判的准备
四、采购谈判的技巧

第三节
签订采购合同
一、采购合同的形式
二、签订采购合同的步骤
三、确保合同有效的条件
四、签订采购合同的注意事项
五、采购合同的修改
六、采购合同的取消
七、采购合同的终止

第四节
采购订单管理
一、订单确认
二、小额订单的处理
三、紧急订单的处理
四、订单的传递和归档
五、订单的跟踪
六、交货控制

第一节　制订采购计划

采购计划是采购部门为配合年度销售计划，对所需原料、物料、零件等的数量及成本作出详细计划，以便于达成企业的总体目标。

一、制订采购计划的目的

采购计划就是确定如何采购物料及服务，才能最好地满足生产需求。它主要包括是否采购、采购什么、采购多少、怎样采购及何时采购等内容。制订采购计划的目的如图3-1所示。

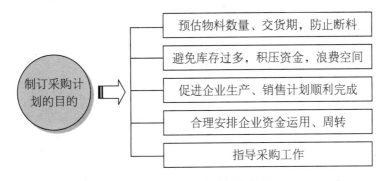

图3-1　制订采购计划的目的

二、制订采购计划的依据

企业制订采购计划时，应考虑年度营销计划、年度生产计划、用料清单、库存情况、资金供应情况等因素，对经营活动急需的物品，应优先考虑。制订采购计划的依据如图3-2所示。

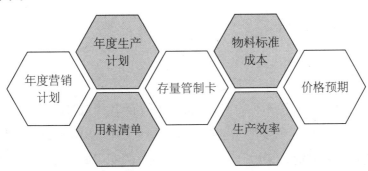

图3-2　制订采购计划的依据

1.年度营销计划

除市场出现供不应求的情况外，企业年度经营计划多以营销计划为起点，而营销计划的制订，又受销售预测的影响。销售预测的决定因素，包括外界的不可控因素，如国内外经济发展情况（GDP、失业率、物价、利率等）、技术发展情况、竞争者状况等，以及内部可控制因素，如财务状况、技术水平、厂房设备、原料零件供应情况、人力资源及企业声誉等。

2.年度生产计划

一般而言，生产计划源于营销计划，若营销计划过于乐观，将使产量变成存货，造成企业财务负担；反之，过度保守的营销计划，使产量不能满足客户需要，丧失了获得利润的机会。因此，营销人员对市场的需求量估算不当，会造成生产计划朝令夕改，使得采购计划与预算必须经常修正，物料供应长期处于失衡状态。

3.用料清单

工程项目变更频繁，会导致用料清单不能得到及时修正，使根据产量计算出来的物料需求数量与实际使用量或规格不符，造成采购数量过多或不足、物料过时或不易购得。因而，采购计划的准确性，有赖于最新、最正确的用料清单。

4.存量管制卡

由于计算采购数量时必须扣除库存数量，因而，存量管制卡记载的内容也会影响采购计划的准确性，这包括料账是否一致，以及物料库存是否全为良品。若账上数量与仓库实际数量不符，或库存并非全是正确物料，将使库存数量低于实际用量，采购计划中的应购数量也将会偏低。

5.物料标准成本

在制定采购预算时，对拟购物料价格的预测很不容易，因此多以标准成本替代。

6.生产效率

生产效率的高低，将使物料的预计需求量与实际耗用量产生偏差。产品的生产效率提高时，会导致物料的单位耗用量增加，而使采购计划中的数量不满足生产所需。当生产效率有降低趋势时，采购计划必须将此额外的耗用率计算进去，才不会发生原物料短缺的现象。

7.价格预期

在制定采购金额预算时，常对物料价格的变动幅度、市场情况等加以预测，甚至将其列为预算调整的因素。由于个人主观的判定与实际情况存在差距，也会造成采购预算的偏差。

三、制订采购计划需考虑的因素

企业在制订采购计划时，需考虑图3-3所示的因素。

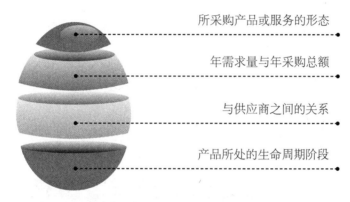

所采购产品或服务的形态

年需求量与年采购总额

与供应商之间的关系

产品所处的生命周期阶段

图3-3　制订采购计划需考虑的因素

1.所采购产品或服务的形态

产品或服务的形态是指属于一次性采购还是持续性采购。这应是对采购最基本的认知，如果采购的形态有所转变，计划也必须跟着调整。持续性采购对成本分析的要求远高于一次性采购；但一次性采购的金额如果很大，也不能忽视其成本节约的效能。

2.年需求量与年采购总额

年需求量与年采购总额，关系着企业与供应商议价时能否得到较好的议价优势。

3.与供应商之间的关系

卖方、传统的供应商、认可的供应商、维持伙伴关系的供应商、结为计划联盟的供应商，其向企业分享成本的方式不同。如果企业与供应商的关系一般，则不容易得到详细的成本资料。企业与供应商保持较密切的关系，彼此合作时，才能获得所需的资料。

4.产品所处的生命周期阶段

采购量与产品所处的生命周期阶段有直接的关系，产品由导入期、成长期再到成熟期，采购量会逐渐增大，当衰退期出现时，采购量会逐渐减小。

四、制订采购计划的注意事项

由于市场千变万化，采购过程较繁杂，采购部门需要制订一份合理、完善的采购管理计划。采购计划好比采购管理的一颗重要棋子，如果走错了，可能会导致满盘皆输。

想要制订合理的采购计划，应注意图3-4所示的三个方面内容。

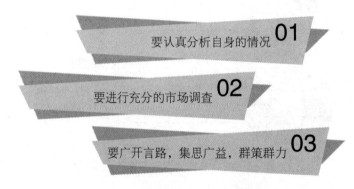

要认真分析自身的情况 01

要进行充分的市场调查 02

要广开言路，集思广益，群策群力 03

图3-4　制订采购计划的注意事项

1.要认真分析自身的情况

要想制订合理的采购计划，企业必须充分分析自身的实际情况，例如企业在行业中所处的地位、现有供应商的情况、企业生产能力等，尤其要掌握企业长远发展计划和发展战略。

一般来说，发展战略反映了一个企业的发展方向和宏观目标，采购计划如果没有体现企业的发展战略，可能会导致采购管理和企业的发展战略不协调，造成企业发展"南辕北辙"。脱离企业发展战略的采购计划，就像无根的浮萍，既缺乏科学依据，又会使采购部门丧失方向。因此，只有充分了解自身的实际情况，制订出切实可行的采购计划，企业才能走得更加长远。

2.要进行充分的市场调查

在制订采购计划时，企业应对面临的市场进行认真的市场调查，市场调查的内容应该包括经济发展形势、与采购相关的政策法规、行业发展状况、竞争对手的采购策略，以及供应商的基本情况等。

企业只有做好充分的准备工作，才能保证采购计划顺利完成。否则，无论采购计划多么合理，最终还是经不起市场的考验，要么是采购计划过于保守造成市场机会丧失和企业资源浪费；要么是采购计划过于激进，不切实际，最后无法实现而成为一纸空文。

3.要广开言路，集思广益，群策群力

许多采购部门的采购计划，经常由采购经理来制订，没有相关部门和基层采购人员的参与，导致采购计划因不够完善而影响采购活动的顺利进行。

企业制订采购计划时，一定要从自身实际出发，知己知彼百战不殆。先了解自身的优势和劣势，再对比分析竞争对手的优势，制订适宜的采购计划，才是企业发展的不竭动力。

下面提供一份××公司采购计划管理规定的范本，仅供参考。

范本

××公司采购计划管理规定

一、编制目的

为规范采购计划的编制，促进公司整体计划的顺利达成，特制定本规定。

二、适用范围

本公司采购计划的制订，除另有要求外，均依本规定执行。

三、具体内容

1.编制采购计划的目的

（1）预估物料数量、交期，以防止断料。

（2）避免库存过多，积压资金，浪费空间。

（3）促进企业生产、销售计划顺利完成。

（4）合理安排公司资金运用、周转。

（5）指导采购工作。

2.编制采购计划的依据

公司制订采购计划时，应考虑经营计划、需求部门的采购申请、年度采购预算、库存情况、公司资金供应情况等因素。对经营活动急需的物品应优先考虑。

3.采购计划的种类

（1）年度采购计划。根据公司年度经营计划，在对市场信息和需求信息进行充分分析和收集的基础上，权衡往年历史数据的对比情况，所制订的计划。

（2）月度采购计划。对年度采购计划进行分解后，根据上个月实际采购情况、库存情况、下月需求预测、市场行情等所制订的当月采购计划。

（3）日采购计划。对月度采购计划进行分解后，根据各部门每日经营所需物品的汇总情况，所制订的采购计划。

（4）日常经营需求计划。根据每天经营情况、物品日常消耗情况、库存情况，各部门向采购部门报送的日采购需求计划。

4.采购申请的提出及审批权限

（1）在采购申请中应注明物品的名称、数量、需求日期、参考价格、用途、技术要求、供应商（参考）、交货期、送货方式等。

（2）各种物品采购申请的提出及审批权限如下表所示。

物品类别	采购申请提出人	申购依据	审核人	审批人
工程项目所需的材料、设备等	项目负责人	依据合同及设计任务书所制定的预算表、工程进度表、材料及设备采购清单	部门负责人或授权人	工程副总经理
日常经营所需的材料、设备等	各部门	经营需求、加工要求	部门负责人或授权人	经营副总经理
工具及配件、器皿、劳保用品、量具等	使用部门	月初提出的采购申请	部门负责人或授权人	相关主管领导
经营、办公等所需的大件设备和工具（属于固定资产投资类）	使用部门	在年初编制的固定资产采购申请		总经理
普通办公用品、劳保用品等	综合办公室	根据使用部门的需求统一制定的年度或月度采购申请	部门负责人或授权人	总经理
常备用料	采购计划专员（由库房管理员配合）	日常领料情况、库存情况		各部门经理
研究开发所需的原料、辅助材料、工具、设备等	技术中心	根据需求时间提出的月度或日采购申请	部门负责人或授权人	技术副总经理

（3）上述各类物品如属年度预算外或超过年度预算，应按超预算的审批程序办理，最终审批人为总经理。

（4）在采购申请表中应注明材料的名称、规格与型号、数量、需求日期、参考价格、用途、技术要求、安装尺寸、生产厂家（参考）、交货期、是否直发（若直发现场，应注明地址）等内容。

（5）部门负责人或授权人审核本部门的采购申请表时，应检查采购申请表的内容是否准确、完整；若不完整或有错误，应予以纠正。

（6）经审批的采购申请表由采购部审核汇总。审核内容包括采购申请表各栏内容填写是否清楚，是否符合合同内容，是否在预算范围内，是否有相关负责人的审批签字，以及是否在审批范围内等。

5.编制采购计划的步骤

（1）明确销售计划

① 企业于每年年底制定次年度的营业目标。

② 市场营销部根据年度目标、客户订单意向、市场分析等资料进行销售预测，并制订次年度的销售计划。

（2）明确生产计划

① 生产部根据销售预算以及本年年底预估库存与次年年底预估库存，制订次年度的生产计划。

② 物控人员根据生产计划、物料清单、库存状况制订次年度的物料需求计划。

③ 各部门根据年度目标、生产计划、次年度各种物品消耗量编制预算。

（3）编制采购计划

① 采购部汇总各种物料、物品的需求计划。

② 采购部编制次年度采购计划。

（4）编制采购计划时的注意事项

① 采购计划要避免过于乐观或保守。

② 企业年度目标实现的可能性。

③ 销售计划、生产计划的可行性和预见性。

④ 物料需求信息与物料清单、库存状况的准确性。

⑤ 物料标准成本的影响。

⑥ 正常生产与降低库存的平衡。

⑦ 物料采购价格和市场供需情况可能出现的变化。

6.采购计划的管理

（1）采购计划由采购部根据审批后的采购申请表制订，日采购计划由采购经理批准，月度采购计划报请营运副总经理批准，年度采购计划需报请公司总经理审批。

（2）采购计划应同时报送财务部审核，以便于公司安排资金。

（3）采购计划专员应审查各部门采购的物品是否有库存或有无替代品，只有在现有库存不能满足要求时，才能将物品列入采购计划。

（4）如果采购申请表所列的物品为公司其他部门生产的产品，在质量、性能、交货期、价格相同的情况下，必须采用本公司的产品。

（5）对于无法于指定日期办妥的采购申请单，必须及时通知请购部门。

（6）对于已申请采购的物品，请购部门若需变更规格、数量或撤销申请，必须立即通知采购部，以便其及时更改采购计划。

（7）未列入采购计划的物品不能进行采购。如确属急需物品，请购部门应填写紧急采购申请表，由部门负责人审核、公司营运副总经理批准后才能列入采购范围。

第二节　进行采购谈判

采购谈判是采购业务的一项重要的工作。因为采购价格直接影响企业的最终目标，因此，采购经理掌握谈判技巧，在谈判过程中获得主动权，有助于提高谈判的成功率，并维护企业自身的利益。

一、采购谈判的内容

在采购谈判中，供需双方主要对图3-5所示的内容进行磋商。

供需双方主要围绕采购商品进行洽谈，因而商品的品种、规格、技术标准、质量保证、订购数量、包装要求、售后服务、价格、交货日期与地点、运输方式、付款条件成为谈判的焦点。

图3-5 采购谈判的内容

1.物品品质

（1）物品品质的规定。谈判双方，首先应当明确交易的物品。物品的品质，可以用规格、等级、标准、产地、型号和商标、产品说明书和图样等来表示；也可以用一方向另一方提供的物品实样来说明。

采购人员对质量的理解为"符合买卖双方约定的规格就是好的质量"。故采购人员应设法了解供应商对商品质量的认知程度。管理较好的供应商应有下列质量文件。

① 产品规格说明书（product specification）。

② 品管合格水平（acceptable quality level）。

③ 检验方法（testing methods）。

（2）质量的表示方法。在谈判中，采购人员要尽量从供应商处取得有关的质量资料，以便于未来的交易。在合约或订单上，质量通常以下列方法表示。

① 市场上商品的等级。

② 品牌。

③ 商业上常用的标准。

④ 物理或化学规格。

⑤ 性能、规格。

⑥ 工程图。

⑦ 样品（卖方或买方）。

⑧ 以上方式的组合。

采购人员在谈判时首先应与供应商对商品的质量标准达成共识，以免日后产生纠纷，甚至法律诉讼。对于瑕疵品或在运输过程中损坏的商品，采购人员应要求供应商退货或退款。

2.物品价格

（1）物品价格的表示方法。在国内货物买卖中，谈判双方主要就物品的价格进行磋商。在国际货物买卖中，物品价格的表示，除了要明确货币种类、计价单位以外，还应明确以何种贸易术语成交。

（2）物品价格的谈判。价格是所有谈判事项中最重要的项目。若采购的商品，以进价加上企业合理的毛利后，并不能吸引客户购买，采购人员就不应以该价格向供应商采购。

在谈判之前，采购人员应事先调查市场价格，不可凭供应商片面之词而误入圈套。如果没有相同商品的市场价可查，采购人员应参考类似商品的价格。

 小提示

价格谈判是所有商业谈判中最敏感也是最困难的项目。但越是困难的项目，越具有挑战性，采购人员应认清这一点，运用各种谈判技巧去完成这项艰巨的任务。

3.物品数量

在磋商物品数量时，谈判双方应明确计量单位和成交数量，必要时可订立数量的机动幅度条款。采购量不太大，往往很难令供货商满意。所以在谈判时，采购人员应尽量笼统，不要透露明确的订购数量。如果因此而陷入谈判僵局，应转到其他谈判项目。

4.物品包装

（1）物品包装的种类。包装可分为两种，即内包装、外包装。内包装是用来保护、陈列或说明商品的，而外包装则在仓储及运输过程中保护商品。

（2）物品包装的设计。外包装若不够坚固，仓储及运输中商品损坏率就会增大，从而降低作业效率，并影响利润；外包装若太坚固，采购价格势必偏高，从而导致商品的价格缺乏竞争力。

（3）物品包装的谈判。基于以上原因，采购人员在谈判物品包装项目时，应提出对彼此都有利的包装方式。

5.交货

一般而言，对于采购方来说，交货期愈短愈好。因为交货期短，订货频率就会增加，订购的数量就会减少，存货的压力也会降低，仓储空间的占用也相对减少。对于有长期订购需求的产品，采购人员应要求供应商分批送货，从而减少自身的库存压力。

6.保险

买卖双方应明确由谁向保险公司投保、投何险别、保险金额如何确定、依据何种条款办理保险等事宜。采购人员在谈判时，必须将此内容列进去。

7.货款

（1）货款支付方式。货款的支付主要涉及支付的币种和支付方式。在国际货物买卖中，使用的支付方式主要有汇付、托收、信用证等。不同的支付方式，买卖双方面临的风险不同。因此在谈判时，双方应根据情况慎重选择。

（2）货款支付的条件。在国内，一般供应商的付款条件是月结30～90天。因此采购人员应明确对本企业最有利的付款条件。在正常情况下，供需双方是在单据齐全时，按买卖双方约定的付款条件进行结算。

8.后续服务

这有利于买卖双方预防和解决争议，保证合同顺利履行，维护交易双方的权利，这也是国际货物买卖谈判中，必须明确的交易条件。

二、采购谈判的时机

要想使谈判取得成功，供需双方必须掌握好时机，时机对了，许多事情便顺理成章。图3-6就是从采购方的角度来看谈判的最好时机。

时机一	当新的供应商试图与你建立关系，而你现在供应商的表现不好的时候
时机二	当你与供应商开展更多业务，需要获得小规模报价时
时机三	当市场处于买方市场，并与现有供应商的往来已经超过一年时
时机四	当采购的产品或服务价格下降，但你并没有从供应商那里获得价格减让时
时机五	当你对产品、供应商和市场有充分了解时
时机六	当供应商急于与你达成协议时
时机七	当供应商所处行业属于完全竞争时
时机八	当潜在的长期回报高于原始报价时

图3-6　采购谈判的最好时机

三、采购谈判的准备

采购谈判准备是谈判取得成功的基础，准备工作做得如何在很大程度上决定着谈判的进程及结果。有经验的谈判者十分重视谈判前的准备工作。一些规模较大的重要谈判，谈判者往往提前几个月甚至更长的时间就开始进行精心的准备。

总体上说，前期的准备工作主要从图3-7所示的几个方面展开。

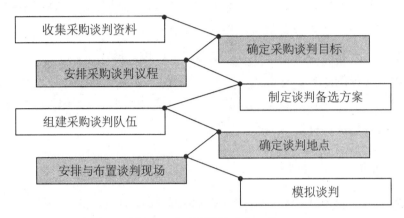

图3-7　采购谈判的准备工作

1.收集采购谈判资料

收集采购谈判资料包括以下几个方面的内容。

（1）分析采购需求

采购需求分析就是在谈判前弄清楚企业需求什么、需求多少、需求时间。采购人员最好能够列出企业物料需求分析清单。

（2）调查资源市场

在对采购需求作出分析之后，企业应对资源市场进行一番调查，以获得市场上有关物料的供给与需求信息，为下一步采购谈判提供决策依据。

（3）收集供应商信息

供应商信息一定要包括图3-8所示的内容。

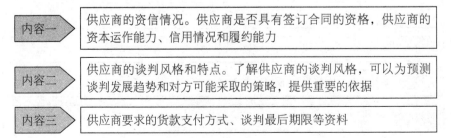

图3-8　供应商信息的内容

（4）整理与分析资料

通过各种渠道收集到以上有关信息资料之后，企业还必须对它们进行整理和分析，鉴别资料的真实性和可靠性，去伪存真；鉴别资料的相关性和有用性，去粗取精。

2.确定采购谈判目标

一般把谈判目标分为三个层次：必须达到的目标、中等目标、最高目标，如表3-1所示。

表3-1　采购谈判目标

目标层次	具体描述
必达目标	达到企业（地区、行业或单位）对原材料、零售件或产品需求量、质量和规格等的要求
中等目标	满足价格水平，实现经济效益
最高目标	获得供应商的售后服务，例如，供应商的送货、安装、质量保证、技术服务活动等

3.安排采购谈判议程

谈判议程主要是明确谈判的时间安排和双方就哪些内容进行磋商。

（1）确定采购谈判主题

在进行谈判时，首先要确定谈判的主题。一般来说，凡是与本次谈判相关的、需要双方展开讨论的问题，都可以作为谈判的议题。采购人员可以把它们一一罗列出来，然后根据实际情况，确定需重点解决的问题。

而对于采购谈判来讲，最重要的议题就是产品的质量、数量、价格水平、运输等内容。

（2）确定采购谈判时间

谈判时间的安排，即确定谈判在何时举行、为期多久。如果是一系列的谈判，则需要分阶段进行，应对各个阶段的谈判时间作出安排。在确定谈判时间时，采购人员要考虑图3-9所示的几个因素。

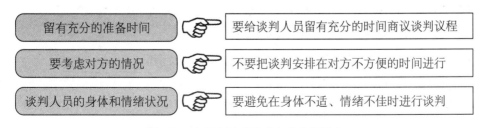

图3-9　确定谈判时间时应考虑的因素

4.制定谈判备选方案

通常情况下，在谈判过程中难免会出现意外的事情，令谈判人员始料不及，从而影响谈判的进程。因而在谈判前，谈判人员应对整个谈判过程中对方可能作出的行为进行正确的估计，并依此设计几个可行的备选方案。

小提示

在制定谈判备选方案时，应明确在何种情况下使用备选方案，以及具体的操作流程。

5.组建采购谈判队伍

采购谈判队伍的组建，就是指在对谈判对手以及谈判环境等因素进行充分分析、研究的基础上，根据谈判的内容、难易程度选择谈判人员，组建高效精悍的谈判队伍。

（1）谈判队伍组建的原则

采购管理人员在组建采购谈判队伍时应按照以下原则。

① 根据谈判的内容、重要性和难易程度组建谈判队伍。在确定谈判队伍阵容时，应着重考虑谈判主体的大小、重要性和难易程度等因素，并依此来确定谈判的人员和人数，遵循的原则如图3-10所示。

较小型的谈判，可由2～3人组成，有时甚至由1人全权负责

对于内容较为复杂且较重要的大型谈判，由于其内容广泛、专业性强、资料繁多、协调工作量大，所以配备的人员要比小型谈判多得多

图3-10 谈判队伍组建的原则

② 根据谈判对手的具体情况组建谈判队伍。在对谈判对手的情况作出基本了解以后，就可以依据谈判对手的特点和作风来配备谈判人员。一般遵循对等原则，即己方谈判队伍的整体实力与对方谈判队伍的整体实力相同或相似。

（2）谈判人员的选择与配备

① 在通常情况下，参加采购谈判的人员往往超过一人，并组成谈判小组。

② 对于复杂的较为重要的谈判，谈判小组首先要满足多学科、多专业的知识需

求，取得知识结构上的综合优势；其次，要群策群力、集思广益，形成集体的力量。

（3）谈判人员的分工与合作

① 谈判人员的分工。在确定了具体谈判人员并组成谈判小组之后，就要对内部成员进行分工，并确定主谈与辅谈，具体如图3-11所示。

图3-11　主谈与辅谈的定义

② 谈判人员的合作。主谈与辅谈人员在谈判过程中并不是各行其是，而是在主谈人员的指挥下，二者密切配合。

总之，谈判小组既要根据谈判的内容和个人专长进行适当的分工，明确小组成员的职责；又要在谈判中按照既定的方案伺机而动、彼此呼应，形成有机的谈判统一体。

6.确定谈判地点

谈判地点有三种情况：己方所在地、对方所在地、双方之外的第三地。对于最后一种情况，往往是双方在参加产品展销会时进行的谈判。三种地点有利有弊，具体如表3-2所示。

表3-2　谈判地点的优缺点

谈判地点	优点	缺点
己方所在地	◆以逸待劳，无须熟悉环境或适应环境 ◆随机应变，可以根据谈判的形势随时调整谈判计划、人员、目标等 ◆创造气氛，可以利用地利之便，通过热心接待对方，显示己方的谈判诚意，创造融洽的谈判氛围，从而促使谈判成功	◆要承担繁杂的接待工作 ◆谈判常常受己方领导的制约，谈判小组不能独立地进行工作
对方所在地	◆不必承担接待工作，可以全心全意地投入谈判中去 ◆可以实地考察对方的生产经营状况，取得第一手的资料 ◆在遇到敏感性的问题时，可以以资料不全为由委婉地拒绝对方	◆要有一个熟悉和适应对方环境的过程 ◆谈判中遇到困难时，难以调整自己，容易产生不稳定的情绪，进而影响谈判结果

续表

谈判地点	优点	缺点
双方之外的第三地	对于双方来说较为公平合理，有利于缓和双方的关系	由于双方都远离自己的所在地，因此谈判的准备工作会有所欠缺，谈判中难免会产生争论，从而影响谈判的进度

7.安排与布置谈判现场

在己方所在地进行谈判时，己方要承担谈判现场的安排与布置工作。为了充分发挥主场优势，在开展此项工作时，要讲求方法和技巧。

安排与布置谈判现场时应注意：

（1）最好能够为谈判安排三个房间。一间为双方的主谈判室，另外两间为各方的备用室或休息室，要求如图3-12所示。

主谈判室

作为双方谈判的主要场所，应当宽敞、舒适、明亮，并配备相关的设备和接待用品

备用室或休息室

作为双方单独使用的房间，最好靠近主谈判室，也要配备相应的设备和接待用品；同时也可以适当配置一些娱乐设施，以便缓和双方的紧张气氛

图3-12 谈判场所的要求

（2）谈判双方座位的安排也应认真考虑。通常有两种座位安排方式，双方各居谈判桌一边，相对而坐；双方谈判人员随意就座。两种安排方式各有千秋，双方要根据实际情况加以选择。

8.模拟谈判

为了提高谈判的效率，使各项谈判准备工作更加周密、更有针对性，在正式谈判前最好先进行模拟谈判。有效的模拟谈判可以暴露己方谈判方案的不足之处及薄弱环节，检验己方谈判人员的总体素质，提高谈判人员的应变能力，从而减少失误，促进谈判目标实现。

 小提示

可以由己方谈判人员与己方非谈判人员组成模拟谈判小组，也可以将己方谈判小组分为两方进行模拟谈判。

下面提供一份××公司模拟谈判方案的范本，仅供参考。

范本

××公司模拟谈判的方案

一、谈判主题

从A集团采购台式电脑并与其建立长久合作关系。

二、谈判团队人员构成

主谈：公司谈判全权代表——刘××

决策人：重大问题的决策人——林××

技术顾问：技术问题负责人——吕××

法律顾问：法律问题负责人——雷××

三、谈判目标及必要性

战略目标：平等谈判，以优惠的价格、良好的质量和服务购入台式电脑。

最高目标：4500元/台。

中间目标：5000元/台。

我方底线：5500元/台。

订购数量：500台。

供应日期：5天内。

付款方式：免息分期付款。

运输方式：由对方送货。

此次谈判对我公司来说非常重要，目前市场上电脑资源紧缺，我们的目标是以相对低的价格购买产品，并与该公司建立长期的合作关系，这对于我公司今后的发展具有重大意义。

四、谈判所需的资料

相关法律资料：

《中华人民共和国民法典》《国际合同法》《国际货物买卖合同法律适用公约》等法律法规。

五、谈判结果预测及可能面临的风险

谈判结果（预测）	风险分析
1. 以最高价格到中间价格之间的价格成交	出现的概率较小，对我方各方面发展都非常有利

续表

谈判结果（预测）	风险分析
2. 以中间价格到底线价格之间的价格成交	出现的概率较大，若在此价格区间成交，我方获利较多
3. 以我方底线价格成交	出现的概率较大，我方的利润将降到最低
4. 谈判破裂	谈判破裂的概率相对较小，但也不能排除，如果谈判破裂，我方损失会比较大

六、谈判过程

1.通过电话沟通或其他渠道了解对方的资信情况、谈判目标、谈判人员的构成情况。

2.通过谈判，与对方形成情感上的共鸣，把对方引入较融洽的谈判气氛中，创造互利共赢的局面，谈判要简明扼要，突出重点以及我方的诚意。

3.在谈判过程中，在坚持基本目标前提下，不执着于某一点利益的让步，通观全局，分清利害关系，避重就轻，灵活地使对方在其他方面得到满足。

七、谈判策略

策略1：在报价时可以向对方展示多个商家的价格。比如在同样条件下其他商家的报价是多少，以提醒对方报价要适度。

策略2：以资料为支撑，以理服人，强调对方能获得的利益，同时软硬兼施，表明当前我方广阔的发展前景，错过了此次机会，对方会产生损失。

策略3：在谈判过程中，我方人员装出满不在乎的态度，表现出只是为了满足对方的需求才来谈判的，使对方急于谈判，主动让步，从而达到我方的目的。

策略4：表明我方的谈判时间有限，以此给对方施加压力。

策略5：认真听取对方的陈述，抓住对方的问题点，主动进行攻击、突破。

策略6：有技巧地提出我方的优势以及未来的市场行情，并借此表明我方的出价并不低，步步为营地争取利益。

策略7：在谈判时必须把握底线，即我方必须以不高于5500元/台的价格购买。

八、谈判最后阶段

1.适时运用折中调和策略，严格控制最后的让步幅度，在适宜的时机提出最终报价。

2.在谈判中形成一体化模式，以期建立长期合作关系。

3.明确最终谈判结果，出示会议记录和合同范本，请对方确认，并确定正式签订合同的时间。

九、谈判议程及相关说明

（一）谈判议程

1.确定议题：A价格议题，B回报议题，C讨价还价议题，D细则议题。

2.双方进场：由主方迎接客方进入会议室，并介绍双方人员。

3.谈判正式开始。

4.中场休息。

5.达成协议。

（二）谈判地点及相关安排

1.谈判时间：2012年3月21日。

2.谈判地点：A公司会议室。

3.谈判安排：根据计划开展谈判，若遇到紧急情况随时调整。

四、采购谈判的技巧

企业的采购经理要掌握各种谈判技巧，并组织采购人员学习。以下主要介绍采购谈判中的提问、答复、说服和压价技巧。

1.提问技巧

常见的提问技巧如表3-3所示。

表3-3　提问技巧

序号	技巧	要点提示
1	提问方式	包括开放式提问、婉转式提问、澄清式提问、引导式提问、借助式提问、协商式提问等方式
2	提问时机	（1）在对方发言完毕时提问 （2）在对方发言停顿、间歇时提问 （3）在自己发言前后提问 （4）在议程规定的辩论时间提问
3	注意事项	（1）注意提问速度及有关事项 （2）提问后给对方足够的答复时间 （3）提问时应尽量保持问题的连续性

2.答复技巧

你回答的每一句话，都会被对方理解为一种承诺，因此，答复时要注意图3-13所示的技巧。

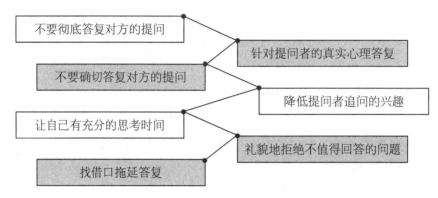

图3-13　答复技巧

3.说服技巧

说服对方，首先，要分析对方的心理和需求，做到有的放矢；其次，语言必须亲切、富有号召力；最后，要有充足的耐心，不能操之过急，具体如表3-4所示。

表3-4　说服的技巧

序号	要点	说明
1	取得对方的信任	人最容易被自己所信任的人说服，所以，如果能取得对方的信任，说服一定会事半功倍。应设身处地地为对方着想，从对方利益出发
2	借助谈判中的共同点	谈判专家都是从共同点入手，在彼此熟悉的同时，有意识地左右对方的思维，使其按自己的逻辑解决问题，从而达成协议
3	营造恰当的氛围	（1）一开始就要从气势上表明自己所持的观点对双方都非常有利，让对方觉得与我方合作是明智的 （2）在说服过程中发生意外时，切记不可冲动，要理智地面对，在友好的气氛中说服对方
4	把握对方的心理	（1）谈判开始时，先讨论容易解决的问题，然后再讨论容易引发争论的问题。如果能把正在争论的问题和已经解决的问题联系起来，就有希望达成协议 （2）双方的期望对谈判结果有很大的影响。应伺机传递信息给对方，影响对方的意见，进而影响谈判的结果 （3）假如同时有两个信息要传递给对方，应先讲较合人心意的那个 （4）强调双方处境的相同点要比强调彼此的差异更能使对方了解和接受 （5）与其让对方作出结论，不如自己先陈述出来

4.压价技巧

在进行压价时，可参考图3-14所示的技巧。

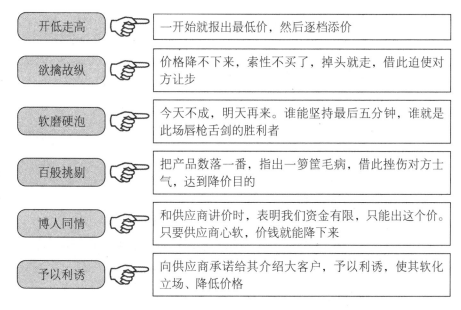

开低走高	☞	一开始就报出最低价，然后逐档添价
欲擒故纵	☞	价格降不下来，索性不买了，掉头就走，借此迫使对方让步
软磨硬泡	☞	今天不成，明天再来。谁能坚持最后五分钟，谁就是此场唇枪舌剑的胜利者
百般挑剔	☞	把产品数落一番，指出一箩筐毛病，借此挫伤对方士气，达到降价目的
博人同情	☞	和供应商讲价时，表明我们资金有限，只能出这个价。只要供应商心软，价钱就能降下来
予以利诱	☞	向供应商承诺给其介绍大客户，予以利诱，使其软化立场、降低价格

图3-14　压价的技巧

第三节　签订采购合同

采购合同是企业与供应商，经过谈判，协商一致而签订的表明供需关系的法律性文件，双方都应遵守和执行。采购合同是经济合同，签订合同的双方都有各自的经济目的，受《中华人民共和国民法典》的保护，并承担相应责任。

一、采购合同的形式

一份买卖合同应该内容完整、叙述具体，否则容易产生法律纠纷。通常，采购合同没有固定格式，但大体上还是有开头、正文、结尾、附件等内容。

1.合同的开头

合同开头应包括以下内容。

（1）名称：如设备采购合同、原材料采购合同等。

（2）编号。

（3）签订时间。

（4）签订地点。

（5）买卖双方名称。

（6）合同序言，如"双方一致认同""特立下此和约"等。

2.合同的正文

采购合同的正文条款构成了采购合同的主要内容，应当具体明确、便于执行，以免发生纠纷。

（1）产品的品种、规格和数量、价格

产品的品种应具体，避免使用综合品名；产品的规格应包括颜色、式样、尺码和牌号等；产品的数量和价格应按国家统一的单位标出。必要时，可附上产品品种、规格、数量明细表。

（2）产品的质量标准

合同中应规定产品的质量标准，并注明是国家还是部级标准；无国家和部级标准的，应由双方协商确定；对于次品应规定一定的比例，并注明标准；对于保换、保修、保退的商品，应注明具体条款。

（3）产品的包装

对于产品包装材料、式样、规格、体积、重量、标志及包装物的处理等，均应有详细的规定。

（4）结算方式

合同中应对产品的结算方式作出规定，包括作价办法、折扣办法、结算方式和结算程序等。

（5）交货期限、地点和发送方式

交货期限要按照有关规定，依据双方的实际情况、产品特点和交通运输条件等确定。同时，合同中应明确产品的发送方式（送货、代运、自提）。

（6）商品验收办法

合同中要规定数量验收和质量验收的办法、期限和地点。

（7）违约责任

合同一方不履行合同，应承担经济责任，赔偿对方遭受的损失。在签订合同时，应明确规定，如存在图3-15所示的三种情况供应商应支付违约金或赔偿金。

情况一	未按合同规定的数量、品种、规格交货
情况二	未按合同规定的商品质量标准交货
情况三	逾期发送商品。购买者如逾期结算货款或提货、临时更改到货地点等，应支付违约金或赔偿金

图3-15　供应商支付违约金或赔偿金的情形

（8）合同的变更或解除

合同的变更或解除等情况，都应在合同中予以规定。

（9）不可抗力

在合同的执行过程中，发生不可预测、人力难以应对的事件时的责任归属时，应在合同中予以明确。

（10）其他条款

合同的其他条款可以根据企业具体情况而定，但是在签订合同时必须予以说明，比如保值条款、纠纷解决条款。

3.合同的结尾

合同结尾包括但不限于以下内容。

（1）合同的份数。

（2）使用语言与效力。

（3）附件。

（4）合同签字生效日期。

（5）双方签字盖章。

下面提供一份××实业有限公司大型设备采购合同的范本，仅供参考。

范本

××实业有限公司大型设备采购合同

购货单位：＿＿＿＿＿＿＿＿＿＿（以下简称甲方）。

供货单位：＿＿＿＿＿＿＿＿＿＿（以下简称乙方）。

签约地点：＿＿＿＿＿＿＿＿＿＿＿＿＿

为提升甲乙双方的责任感，确保实现各自的经济目的，依据《中华人民共和国民法典》及招投标文件的规定，甲乙双方经友好协商，达成如下协议。

一、合同标的（名称、规格、型号、单价等）

_____

_____

_____

二、合同金额

合同总金额：人民币_____元。

大写：人民币_____万元整。

三、付款时间及方式

1.合同分四批付款：在合同生效之日起____日内，甲方向乙方支付合同总额的____%；设备安装调试完毕，初步验收后的一周内，甲方向乙方支付合同总额的____%；设备正常运行____日，双方正式验收合格后一周内，甲方向乙方付合同总额的____%；质保期满后付清余款（根据招标文件的有关规定加以约定）。

2.付款方式：_____

3.在每期合同款项支付前____日，乙方向甲方开具同等金额的增值税发票（根据实际情况加以约定）。

四、交货时间、地点、方式

1.交货时间：合同生效后____日内交货。

2.交货地点：_____

收货人名称：_____（应为签约单位名称）。

3.交货方式：乙方负责货物运输。

4.货运方式：汽运。

5.乙方将合同标的运至某工业城并进行安装调试，经过甲方验收合格的日期为设备交货日期。甲方在合同约定的交货地点提货，运输费及运输保险费均由乙方承担。合同标的毁损、灭失的风险自乙方完成交货后转移至甲方。

6.乙方应在合同标的发运后1个工作日内将发运情况（发运时间、件数等）通知甲方，甲方应在合同标的到达合同交货地点后及时提货。

7.甲方提取合同标的时，应检查其外箱包装情况。标的外箱包装无损，方可提货。如合同标的外箱包装受损或合同标的包装箱件数不符，甲方应在____个工作日内通知乙方，以便乙方向运输公司办理索赔事宜。

8.甲方对乙方交付的合同标的，应妥善接收并保管。对误发或多发的货物，甲方应及时通知乙方，由此发生的费用由乙方承担。

9.如甲方要求变更交货地点，应在合同规定的交货日期前15日通知乙方。由于变更交货地址增加的运保费由甲方承担。

五、验收时间、地点、标准、方式

1.验收时间：乙方应于合同生效后____日内完成安装调试，甲方应在安装调试结束后____日内安排初步验收。双方验收合格后甲方在____日内出具验收合格书。

2.验收地点：＿＿＿＿＿＿＿＿＿＿＿＿＿＿＿＿＿＿＿＿＿＿＿＿＿＿＿＿＿＿

3.验收标准：＿＿＿＿＿＿＿＿＿＿＿＿＿＿＿＿＿＿＿＿＿＿＿＿＿＿＿＿＿＿

六、现场服务（根据实际情况加以约定）

1.乙方现场人员应遵守甲方厂规、制度，如有违规，责任由乙方负责。

2.乙方现场人员食宿自理。

3.甲方如需邀请乙方提供非质量问题处理服务，乙方应予以协助。

七、人员培训

乙方负责对甲方操作人员、维修人员和工艺技术人员进行操作培训、维修培训、设备保养培训，使其完全掌握相关技术，能够正常使用、维修保养设备。

八、保修方式

1.合同标的按生产厂家的规定享受免费保修服务，免费保修服务期限为____年。保修期内，乙方必须在接到甲方维修通知后____日内派人至甲方现场维修。

2.保修期内，由于火灾、水灾、地震、磁电串入等不可抗力及甲方人为原因造成的设备损坏，乙方负责免费维修，产生的材料成本费用由甲方承担。

3.保修期后，乙方必须在接到甲方维修通知后____日内派人到甲方现场维修，并酌情收取成本费和服务费，收费标准另行约定。

九、违约责任

1.甲方无故中途退货，应向乙方支付合同总额____%的违约金。

2.甲方逾期付款，每逾期一日，应向乙方支付合同总额____‰的违约金，违约金累计金额不超过合同总额的____%。

3.乙方逾期交货，每逾期一日，应支付合同总额____%的违约金，违约金累计金额不超过合同总额的____%。逾期交货超过____日，视为未交货，乙方应双倍返回甲方已付款项，甲方有权解除合同并要求乙方支付合同金额____%的违约金。

4.保修期内，乙方未能在合同约定的期限内履行保修义务，每迟延一日，向甲方支付合同金额____%的违约金，并赔偿甲方的经济损失，违约金累计金额不超过合同总额的____%。乙方超过____日仍未履行保修义务，甲方有权解除合同并要求乙方赔偿经济损失。乙方未能在接到甲方通知后____日内将设备恢复至正常使用状态，甲方有权要求乙方换货，或解除合同并要求乙方赔偿经济损失。保修期后，乙方未能在合同约定的期限内履行维修义务，每迟延一日，向甲方支付合同金额____%的违约金，并赔偿甲方的经济损失，违约金累计金额不超过合同总额的____%。

5.设备未在约定之日经甲方验收合格，每迟延一日，向甲方支付合同总额____%的违约金；超过____日仍未验收合格，甲方有权解除合同，乙方应立即返还已收款项并赔偿甲方由此遭受的其他经济损失。

十、不可抗力

如发生不可抗力，受影响的一方应取得公证机关的不能履行或不能全部履行合同的证明，并在事件发生后____个工作日内，及时通知另一方。经双方同意，可免除受影响一方的全部或部分责任。

十一、合同变更

未尽事宜，由双方协商解决；合同的变更及修改应经双方同意，以书面形式提出。

十二、争议解决方式

双方发生争议，应协商解决；如协商不成，任何一方均可向甲方所在地人民法院提出诉讼。

十三、合同生效及终止

合同自双方签字并盖章后生效，双方义务履行完毕后，合同终止。

十四、合同一式四份，双方各执两份，均具有同等法律效力。

甲方：_____　　　乙方：_____

代表：_____　　　代表：_____

日期：_____　　　日期：_____

二、签订采购合同的步骤

签约是指供需双方对合同的内容进行协商，取得一致意见，并签署书面协议的过程。采购人员在签约合同时，应遵照图3-16所示的五个步骤。

图3-16　签订合同的步骤

1.签约提议

签约提议是指一方向另一方提出签订合同的要求或建议，也称发出要约。发出签约提议时应明确合同具备的主要条款和希望对方答复的期限等。

2.接受提议

接受提议是指另一方接受签约提议，也称承诺，即双方对合同的主要内容表示同意并签署书面契约。承诺不能附带任何条件，如果附带其他条件，应认为受要约人拒绝要约，并提出新的要约。新的要约提出后，原受要约人变成新的要约人，而原要约人成了新的受要约人。实践中，双方签订合同的过程就是要约→新要约→再要约→……承诺的过程。

3.填写合同文本

填写合同文本时要注意以下内容。
（1）货物名称。一定要写全，不要写简称。
（2）价格。不同规格要分开写，必要时可标注大写金额。
（3）数量。不同规格要分开写。
（4）交货方式。自提、送货要注明，送货地点、时间要写清，付费、免费要明确。
（5）付款方式。可以先付定金，余款在到货验收合格后再支付。

4.履行签约手续

双方要按照合同文本的要求，履行相关的签约手续。具体的手续，也可由双方协商确定。

5.报请鉴证机关鉴证或报请公证机关公证

有的经济合同，还应获得主管部门的批准或工商行政管理部门的鉴证。对于没有鉴证要求的合同，双方可以协商决定是否签证或公证。

三、确保合同有效的条件

采购人员签订合同时，要确保合同的有效性，具体如图3-17所示。

条件一	合同的当事人必须具备法人资格。这里的法人，是指具有一定的组织机构，能独立支配财产，能够独立从事商品流通活动或其他经济活动，依照法定程序成立的企业
条件二	合同必须合法。双方当事人必须遵照国家的法律、方针和政策签订合同，合同内容和签订手续应符合有关法律法规的规定
条件三	必须以平等互利、充分协商为原则签订合同
条件四	当事人应当以自己的名义签订经济合同。委托别人代签时，必须出具委托证明
条件五	采购合同应当采用书面形式签订

图3-17 确保合同有效的条件

四、签订采购合同的注意事项

采购人员在签订采购合同时应注意以下事项。

1.争取草拟合同

草拟合同的一方有巨大的优势，会在起草合同时补充口头谈判时遗漏的一些问题。如果是采购方草拟合同，其会添加对自己有利的条款。

2.仔细阅读文本

签合同以前，采购人员必须仔细阅读当前的文本，防止对方对合同进行修改。合同签订后，任何一方不得随意变更或者解除合同，除非有不得已的前提条件。如果一方随意变更或解除合同，对于所造成损失，应当承担相应的赔偿责任。提议变更和解除合同的一方，应给对方重新考虑的时间，在新协议未签订前，原来的合同仍然有效。

五、采购合同的修改

为了维护买卖双方的共同利益，必须经买卖双方共同协商后才能对合同加以修改。合同的修改必须在不损及买卖双方利益及其他关系人权益的前提下进行。通常，有图3-18所示的情形时，需协议修改合同条款。

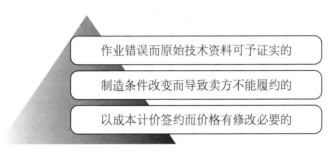

作业错误而原始技术资料可予证实的

制造条件改变而导致卖方不能履约的

以成本计价签约而价格有修改必要的

图3-18　修改采购合同的情形

1.作业错误而原始技术资料可予证实的

合同签订后发现作业有错误需加以更正时，应该以原始技术资料为标准，买卖双方协商后加以修改，并将修改结果通知相关单位。

2.制造条件改变而导致卖方不能履约的

合同履行期间，如制造条件发生改变而卖方不能履约，因物料供应不能终止或解约合同，重新订购又来不及的，买方可以适度地修改原合同内容，要求卖方继续履约。

3.以成本计价签约而价格有修改必要的

以成本计价的合同，由于成本改变而超过合同的限度时，买卖双方均可提出修改合同总成本的要求。固定售价合同，其价格以不改变为原则，但有如下述情形时可协议修改。

（1）由于生产材料的价格暴跌使卖方获取暴利时，双方可协商修改价格。

（2）由于生产材料的价格暴涨使卖方履约困难而解约或重购对买卖双方不利时，双方可协商修改价格。

六、采购合同的取消

取消合同即不履行合同的义务。根据公平的原则，不遵守合同的一方必须对取消合同造成的损失负责。但在法律上，到底由哪一方负责，应视实际情形来定。一般情况下，取消合同大致有图3-19所示的三种情形。

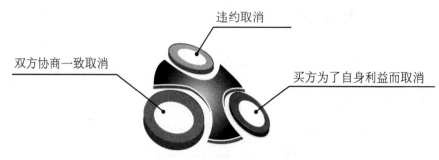

图3-19　采购合同取消的情形

1.违约取消

（1）卖方违约，例如，货物规格不符、不按时交货等。

（2）买方违约，例如，不按时开具信用证。

2.买方为了自身利益而取消

例如，买方因为自身利益或其他因素不愿接受合同的条款，而提出取消合同，此时卖方可要求买方赔偿其遭受的损失。

3.双方协商一致取消

此种情况大都发生在出现不可抗力的情形下。

七、采购合同的终止

为维护买卖双方的利益，在采购合同中应明确合同终止的条款，一般有如下规定。

1.采购合同终止的情形

在履约期间，因不可抗力，使卖方丧失履约能力时，买卖双方均可要求终止合同。有图3-20所示的情形时，买方可要求终止合同。

情形一	发现卖方报价不实，图谋暴利时
情形二	严重损害国家利益时
情形三	在履约时发现卖方存在严重缺陷，要求改善而其无法改善导致不能履行合同时
情形四	卖方有违法行为而经查证属实的

图3-20　买方可要求终止合同的情形

2.合同终止的赔偿责任

买方因自身原因而要求终止合同时，卖方因此遭受的损失，由买方负责赔偿。

卖方不能履约，如果属于不可抗力因素，买卖双方都不负赔偿责任。但如果属于人为因素，买方遭受的损失由卖方负责赔偿。

因特殊原因而导致合同终止的，买卖双方负何种程度的赔偿责任，除合同另有规定外，应由买卖双方会同有关单位协商解决；如无法达成协议，则可采取法律途径解决。

第四节　采购订单管理

供应环节的大部分工作都是围绕着一个个采购订单来开展的。对采购订单进行处理与跟踪是采购人员的重要职责，订单处理与跟踪的目的是促进合同正常执行，满足企业的商品需求，保持合理的库存水平。

一、订单确认

1.确认需求

确认需求就是在开展采购作业之前，先确定购买哪些物品、买多少、何时买、由谁负责等，这也是采购活动的起点。

任何采购都源于企业中某个部门的需求。生产或使用部门应清楚地知道本部门的确切需求：需要什么、需要多少、何时需要。仓储部门收到生产或使用部门发出的物品需求单，汇总后将物品需求信息传递给采购部门。采购部门应有畅通的渠道及时采购所需物品。

同时，采购部门应协助生产部门预测物品需求。采购管理人员应要求需求部门在填写请购单时尽可能采用标准格式，少发特殊订单。还应督促他们尽早地预测需求信息，以免产生太多紧急订单，而增加采购成本。

另外，根据价格趋势和总的市场情况，为了避免供应中断或是价格上涨，采购部门有时会发出一些期货订单。对于任何标准化的采购项目，采购部门都要通知需求部门对物品信息作出预测。因此采购部门和供应商最好能早期介入，这样会给企业带来许多有用信息和帮助，从而使企业规避风险或降低成本，加快产品向市场推进的速度，并获得更大的竞争优势。

2.需求说明

需求说明就是在确认需求之后，采购部门对物品的细节如品质、包装、售后服务、运输及检验方式等，加以准确说明和描述。采购部门如果不了解使用部门到底需要什么，就不可能准确采购。出于这个目的，采购部门必须对采购物品的品名、规格、型号等有一个准确的了解。采购部门不能想当然地去处理。

将具体的物品规格交给供应商之前，采购部门需要对其再检查一次。这一步完成之后，采购部门要填写请购单，请购单应该包括以下内容。

（1）日期。

（2）编号（以便于区分）。

（3）申请部门。

（4）涉及的金额。

（5）对物品的完整描述以及所需数量。

（6）物品需求日期。

（7）特殊情况说明。

（8）授权申请人的签字。

【实战工具05】▶▶

请购单

请购单位：　　　　　　　请购日期：　　　年　　　月　　　日

料号	品名	规格	单位	数量	需求日期
用途说明					
会计		采购		主管	

备注：请于需求日期前三日填写本单。

二、小额订单的处理

小额订单对所有企业而言都是一件值得关注的事情。绝大多数的采购申请都符合帕累托定律（帕累托定律也被称为ABC分析法）。这一定律指出：80%的采购申请仅占了全部采购金额的20%。对采购活动分析时，许多企业会发现，90%的采购交易仅占了采购总金额的10%。然而，许多企业处理价值500元与5000元采购事项的花费都差不多。这里要注意的是，为处理小额订单而建立采购体系的成本与订单金额要匹配。由于小额订单因物料短缺而造成的损失与这些物料本身的价值远远不成比例，因而，确保这些物料的供应通常是采购部门的首要目标。

解决小额订单问题有许多办法。通常，这些办法都与采购过程简化或自动化，以及合并采购有关，这样可以缩短采购周期（从发现需求到支付货款的时间）、削减管理费用，采购人员可将更多时间用于金额更高或更重要的采购事项。具体的解决办法有：

（1）如果过失在使用部门，采购部门应建议其提高采购申请中标准件数量的准确率。

（2）供应部门收到小额订单申请后，将金额累积到一个可观的数额。

（3）设立采购申请一览表，这样，使用部门对某一物料或服务的采购申请会在同一天收到，向某一供应商采购的申请也会在同一天提出。

（4）使用"无库存采购"或"系统合同"的概念。

（5）向内部顾客发放采购信用卡，用于直接向供应商采购。

（6）采购部门建立空白订单制度，内部顾客可发出订单，供应商可汇总收款。

（7）和主要供应商之间建立电子联系，这样，订购和再订购可以自动进行。

（8）处理小额订单的权限和报价过程应该重新调整，可使用电话和传真进行订购。

（9）将价值较低的订单交给企业外的第三方处理。

（10）采用无票据支付手段（自己主动计算需支付的金额）。

（11）使用部门直接下订单。

三、紧急订单的处理

通常，采购部门会收到许多标着"紧急"字样的订单。紧急订单不可避免，也有其存在的理由。款式或市场状况突然发生变化都会使精心计划的物料需求不再适用。

1.紧急订单的产生原因

现实中许多所谓的紧急订单实际上并不紧急。这些订单产生的原因有：

（1）错误的库存控制。

（2）生产计划和预算不准确。

（3）对供应部门在规定的时间内提供物料缺乏信心。

（4）完全出于习惯，在订单上标注"紧急"字样。

这种订单的代价通常较大，而且会给供应商带来负担，这必然会直接或间接地体现在买方最后的支付价款中。

2.如何应对紧急订单

对于那些并不紧急的所谓"紧急"订单，采购部门可以对提出部门进行正确的引导。

比如，在一家公司，如果某一个部门发出了紧急订单，这个部门必须向总经理作出解释并得到批准。而且，即使这一申请得到批准，紧急采购所增加的成本也要由订单发出部门来承担，这样，紧急订单会大量减少。

四、订单的传递和归档

对于采购订单一式几份以及如何处理这些订单副本，每个企业的要求各不相同。通常情况下，采购订单的传递路径为：原件发给供应商，有时随单附一份副本，供应商接受合同时将其返回给采购部门。一份副本归入按顺序编号的采购订单卷宗中并由采购部门保管，采购部门也可将采购订单拍照后，用缩微胶片的形式保存。会计部门也会收到一份订单副本，以便于处理应付账款。一份副本发往仓储部门，以便于其为接收物料做准备。如果企业组织结构中收货和仓储两个职能是分开的，收货部门也会收到一份副本，这些副本将按照供应商名称的字母顺序归档，并用于记录收到货物的实际数量。如果收到物料时还要经过检验（如原材料和生产部件），也要送一份副本到检验部门。

尽管采购订单的所有副本在内容上是相同的，并且是一次同时填写完毕的，但是，这并不意味着它们在形式上也必须一模一样。例如，供应商的接受函上可能包含有其他副本没有的表明其接受意见的条款。而收货方面的各项数据仅仅是收货部门对订单副本的要求。采购部门的订单副本则可能会列出发货、发票以及运输等方面的条款。由于价格是保密的，一般不会出现在收货部门的副本上。

实际中，采购订单会以不同的方式加以保存，目前的做法是：将所有与某项采购订单有关的文书附在同一张订单副本上。如果可能的话，还要将其归档并建立交叉索引，以便需要时可以快速找到。

对于一式两份的采购订单，一般将一份按采购订单的编号顺序归档；另一份与相关的采购申请和往来信件一起，按照供应商名称的字母顺序加以归档。除此之外，还可以把其中一份按供应商名称的字母顺序归档，而另一份按应该从供应商那里收到接受函的日期归入到期票据记录簿中。如果到期后没有收到供应商发来的接受函，这个结果会记录在这份副本上。然后，采购部门负责督促供应商发出接受函，同时，将订单上的到期日加以顺延。如果供应商最终接受了订单，到期票据记录簿中的这份副本就应按最后督促的日期或货运到期日进行归档。

五、订单的跟踪

订单跟踪的目的有三个，即确保合同正常执行、满足企业的物料需求、保持合理的库存水平。在实际操作中，合同、需求、库存三者之间会产生矛盾，导致物料供应中断、库存难以控制。恰当地处理供应、需求、缓冲余量之间的关系是反映采购人员能力的关键指标。

1.采购订单执行前的跟踪

当制定完一个采购订单后，采购人员要及时了解供应商能否接受订单，能否及时供货等。

在供货市场中，同一物料往往有几家供应商可以选择，独家供应商的情况很少。但在具体操作时，供应商可能会因各种原因而拒单，供应商可能会提出改变"认证合同条款"，包括价格、质量、货期等要求。作为采购人员，应充分与供应商进行沟通，如果供应商难以接受订单，可以另外选择其他供应商，必要时可要求认证人员协助办理。与供应商正式签订的合同要及时存档，以备日后检查。

2.采购订单执行过程中的跟踪

与供应商签订的采购订单具有法律效力，采购人员应实时跟踪，如需要变更应征得供应商的同意，切不可一意孤行。订单跟踪应注意图3-21所示的事项。

（1）严密监控供应商准备物料的过程

采购人员在监控过程中发现问题要及时反馈，对于需要变更的情况要立即解决，不可贻误时间。不同种类的物料，供应商的准备过程也不同，总体上可分为两类。

第一类，供应商需要按照样品或图纸生产物料，供货周期长、变数多。

第二类，供应商有存货，不需要加工，供货周期短。

因此，前者的跟踪过程复杂，后者相对比较简单。

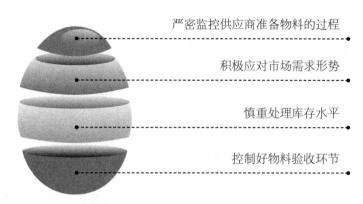

严密监控供应商准备物料的过程

积极应对市场需求形势

慎重处理库存水平

控制好物料验收环节

图3-21　订单跟踪的注意事项

（2）积极应对市场需求形势

如果市场需求出现供不应求，企业采购人员应及时与供应商协商，必要时可帮助供应商解决疑难问题，以保证物料的准时供应。当市场需求出现供过于求，企业决定延缓或取消本次物料订单时，采购人员也应尽快与供应商沟通，确定其可接受的延缓时间，或终止本次订单需支付的赔款。

（3）慎重处理库存水平

库存水平在某种程度上也体现了采购人员的业务水平，既不能让生产缺料，又要保持最低的库存水平，这确实是一项难以对付的问题。当然，库存水平还与采购环境的柔性以及计划人员的能力有关。

（4）控制好物料验收环节

物料的交货地点，对国内供应商而言一般是企业原材料库房，对国外供应商来说一般是企业国际物流中转中心。境外交货时，供应商在交货前会将到货表单发送给采购人员，采购人员应按照所下的订单对到货的物品、批量、单价及总金额等进行确认及录入归档，并开始办理付款手续。境外的付款方式可以是预付款或即期付款，一般不采用延期付款。与供应商采用一手交钱、一手交货的方式时，采购人员必须在供应商交货前把付款手续办妥。

3.采购订单执行后的跟踪

（1）付款

企业应按合同规定的支付条款对供应商进行付款。采购订单执行完毕的柔性条件之一是供应商收到本次订单的货款。如果供应商未收到货款，采购人员有责任督促财务人员按照流程付款，否则会影响企业信誉。

（2）物料出现问题的处理

物料在使用过程中，可能会出现问题，偶发性的小问题可由采购人员或现场检验者联系供应商解决；而重要的问题则由质检人员、认证人员解决。

🔍 **【实战工具06】** ▶▶▶ -

采购追踪记录表

编号	请购单						报价供应商及价格	订购单							验收		
	请购总号	发出日期	收到日期	品名/规格	数量	需要日期		日期	编号	数量	单价	金额	交货日期	供应商	日期	数量	检验情形
备注：																	

- -

六、交货控制

供应商一般都会根据合同和采购订单的要求按时交货，企业在收货时，要加强质量检验，将合格品按规定入库；而对于不合格品，则按合同规定进行处理。

1.确定交货方式

对于所订购物料的交货方式，企业应事先与供应商协商确定。一般而言，交货方式图3-22所示的四种。

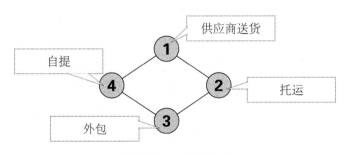

图3-22　交货的方式

（1）供应商送货

供应商送货是指供应商负责将物料送到企业仓库。对企业而言，这是一种最省事的方式。这样可以把运输货物的所有事务都交给供应商，由供应商承担运输费用，货损、货差和运输风险。企业与供应商进行一次交接和验收就可以完成采购任务。

（2）托运

托运即委托运输，由供应商委托运输公司，把物料送到采购方手中。这种方式对于采购方来说也比较省事。受委托的运输公司通常是铁路部门或是汽车运输公司，企业也只需要和运输商进行一次交接。不过这种方式比第一种方式麻烦，如果运输的货物出现差错或货损，企业需要取得运输公司的认证，还要和供应商联系，商讨补货、退赔等事宜。

（3）外包

企业向供应商下达订单以后，将运输货物事宜外包给第三方物流企业或运输公司。这时企业要进行两次交接、两次验货，即和供应商一次，和运输公司一次。并且企业要根据与供应商签订的合同，确定其是否应承担运输损失和运输风险。

（4）自提

自提是企业自己开车到供应商处去提货，自己负责货物的运输。这种方式，企业要和供应商进行一次交接、一次验货，且要承担运输途中全部的风险及费用，在入库时，还要进行一次入库验收。

2.确定交货期限

交货延迟或提前都会给企业带来影响。

（1）交货延迟会增加成本

交货延迟，毫无疑问会阻碍企业生产或经营活动顺利进行，具体影响如图3-23所示。

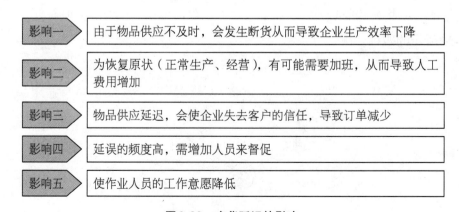

影响一	由于物品供应不及时，会发生断货从而导致企业生产效率下降
影响二	为恢复原状（正常生产、经营），有可能需要加班，从而导致人工费用增加
影响三	物品供应延迟，会使企业失去客户的信任，导致订单减少
影响四	延误的频度高，需增加人员来督促
影响五	使作业人员的工作意愿降低

图3-23 交货延迟的影响

（2）提前交货也会增加成本

一般人总以为提前交货的不良影响不如延迟交货，但实际上提前交货也会让企业成本增加，理由如图3-24所示。

 供应商为资金调度方便，会优先生产价格高的物品并提前交货，这样就会造成低价格的物品延迟交货

 不急于使用的物品提前交货，必定会增加企业库存，从而导致资金运用效率下降

图3-24　提前交货会增加成本的理由

 小提示

基于以上分析，企业必须明确规定交货期限的允许范围，并严格加以控制，尤其要避免提前付款。

3.对货物验收作出明确规定

供应商交来的物料，如与订单上记载的数量不符，企业则不予签收。查核数量时，采用各个分别点收的方法比较麻烦，因此多数企业都采用清点箱数或称量的办法等来确认物料的数量。另外，验收后的部分不良物料，有可能退货、整修再重新交料。因而企业应对货物验收管理作出明确规定。

（1）制定合理的验收标准

验收标准涉及专门的技术，通常由采购方制定。验收标准要以经济实用为原则，切勿过于严格。所以，在制定标准化规格时，既要考虑供应商的供应能力，又要顾及交货后是否便于检验。当然，验收标准也不能过于宽泛，否则会导致供应商以次充好，从而影响到企业采购物品的正常使用。

（2）合同中应写明验收标准

验收标准虽属技术范畴，但是在订立合同时仍要将其列作重要条款，因为其涉及物品品质的好坏与价格的高低。同时，采购人员还应注意合同中所列的项目是否详尽，一些关键的地方是否附带了图表说明。明确了这些问题，才能避免供应商产生误会。

小提示

在合同中对验收标准要加以详细说明，这样在交货验收时，才不会因内容含混而引起纠纷。

（3）组建的验收小组

应由设计、品质、财务和采购等部门人员组成验收小组，制定一套完善的采购验收制度，同时对验收人员进行专业训练，使其具有良好的职业操守、丰富的知识与经验，然后对验收人员进行绩效评估，最大限度地发挥验收小组的作用。

（4）采购与验收职责分离

现代采购讲究分工合作，通常，企业的采购人员不得主持验收工作，以免产生徇私舞弊。通常物料的品质与性能由验收人员负责，而形状与数量则由收料人员负责。只有采购、检验、收料人员分工协作，各司其职，才能达到预期的目的。

4.按规定验收入库

（1）三个检验重点

企业采购的目的是获得物料，确保生产，物料获得的一个重要标志是验收合格并妥善入库。因此，物料的验收工作是非常关键的环节。

验收按照业务内容的不同分为两种，一种是检查物料是否与运送单上的内容相符、数量是否无误，以及外包装是否有问题等；另一种就是将订购单与卖方缴货单及运货单等一一核对检查。

检验工作的重点如表3-5所示。

表3-5　检验工作的重点

序号	检验重点	具体说明
1	数量	数量检验通常与验收工作一起进行。一般的做法就是直接检验，但是当现货和送货单未同时到达时，会实行大略式检验。另外，在检验时要将数量做两次确认，以确保无误
2	品质	确认接收的货物与订购的货物是否一致，可以用科学的红外线鉴定法，也可以根据验收经验采用其他检验方法。另外，对于高级品或是招牌物料都会做全面性检查；而对购入数量大或是单价低的物料，则采取抽样性检查
3	契约（采购）条件	检验采购的契约条件，如物料品质、数量、交货时间、价格、货款结算等是否相符等

（2）物料验收的流程

物料验收作业的流程如图3-25所示。

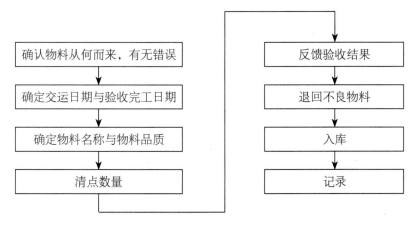

图3-25 物料验收的流程

① 如果一批物料分别从多家供应商采购，或数种不同的物料同时进企业，验收工作要格外注意，验收完的标示工作非常重要。

② 交运日期是整个采购过程中的重要日期，可以判定供应商交货是否延迟，也可作为延期罚款的依据；验收完工日期则是很多企业付款的起始日期。

③ 确定物料名称与物料品质是指检查所收物料是否与所订购的物料相符，物料品质是否合格。

④ 查清实际收到的数量与订购数量或送货单上记载的数量是否相符。对短交的物料，应立即催促供应商补足；对多交的物料，在不缺料的情况下退还供应商。

⑤ 将允收、拒收或特采等验收结果填写在"物料验收单"上并反馈给有关单位。物料控制部门可以进一步确定物料进仓的数量，采购部门可以跟踪短交或多交的物料，财务部门可以决定如何付款。

⑥ 物料的品质不良时，应立即通知供应商，将该批不良物料退回。如果供应商用良品来交换，应重新检验。

⑦ 验收完毕后的物料，应入库并通知物料控制部门，以便安排生产。

⑧ 供应商交货的品质记录等资料，是对供应商开发及辅导的重要资料，应妥善保存。

5.损害赔偿的处理

当供应商提供的货物数量不足、没有达到质量要求、交货期延误，或是没有履行相关义务时，企业有必要对供应商作出相应处理。

（1）提出警告。

（2）要求货品赔偿。

（3）要求金钱赔偿。

同时要注意，买卖双方事先一定要协商好赔偿条款，并在合同中明确。

🔍【实战工具07】▸▸ --

来料检验日报表

年　　月　　日

来料检验报告汇总						
供应商						
检验批数						
不合格批数						
不良率						
……						
批退报表汇总						
物料异常报告编号	料号	品名规格	批量	不良率	不良原因	供应商	处理结果

第四章

采购控制管理

对于任何一家企业而言，都必须运用一套科学、系统、有效的采购管控方法，对企业的物资采购工作加以指导与管理，以促进企业研发、保障生产，为企业参与市场竞争、持久发展提供动力。

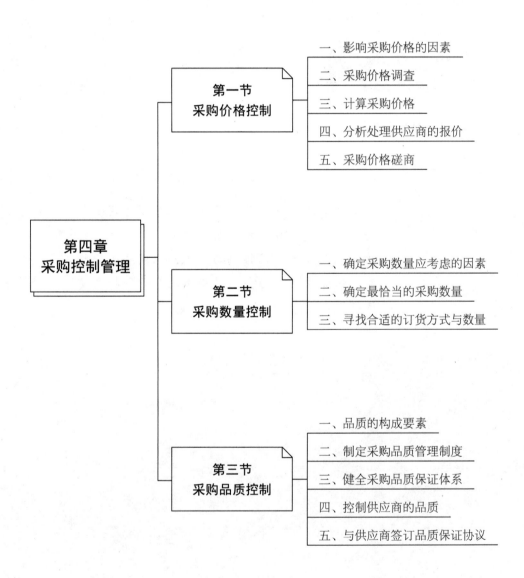

第四章
采购控制管理

第一节
采购价格控制
- 一、影响采购价格的因素
- 二、采购价格调查
- 三、计算采购价格
- 四、分析处理供应商的报价
- 五、采购价格磋商

第二节
采购数量控制
- 一、确定采购数量应考虑的因素
- 二、确定最恰当的采购数量
- 三、寻找合适的订货方式与数量

第三节
采购品质控制
- 一、品质的构成要素
- 二、制定采购品质管理制度
- 三、健全采购品质保证体系
- 四、控制供应商的品质
- 五、与供应商签订品质保证协议

第一节　采购价格控制

随着经济的快速发展和市场竞争的加剧，生产与销售的利润空间已经被无限压缩。为了实现经济效益的最大化，物资供应成为企业控制成本的主要途径，而采购价格管理作为物资供应的关键环节，在成本控制中的作用不言而喻。

一、影响采购价格的因素

影响采购价格的因素有许多，具体如表4-1所示。

表4-1　影响采购价格的因素

序号	因素	具体说明
1	供应商成本的高低	供应商成本的高低是影响采购价格的最根本、最直接因素。因此，采购价格一般高于供应商成本，两者之差即为供应商的利润，供应商的成本是采购价格的底线
2	规格与品质	价格的高低与采购物料的品质也有很大的关系。如果采购物料的品质一般或质量低下，供应商会主动降低价格，以求赶快脱手，有时甚至会贿赂采购人员
3	采购物料的供需关系	当企业采购的物料紧俏时，则供应商处于主动地位，其会趁机抬高价格；当企业采购的物料供过于求时，则企业处于主动地位，可以获得最优的价格
4	生产季节与采购时机	当企业处于生产旺季时，对原材料需求紧急，因此不得不承受更高的价格。避免这种情况的最好办法是提前做好生产计划，并根据生产计划制订出相应的采购计划，在生产旺季到来前准备好物料
5	采购数量	如果企业采购数量大，就会享受供应商的价格折扣。因此，大批量、集中采购是降低采购价格的有效途径
6	交货条件	交货条件也是影响采购价格的重要因素，交货条件主要包括运输方式、交货期等。如果货物由采购方来承运，则供应商就会降低价格
7	付款条件	付款条件一般有现金折扣、期限折扣，用以刺激采购方提前付款

二、采购价格调查

1.调查的主要范围

在大型企业里，原材料的种类有万种之多，但人手有限，要做好采购价格调查，谈何容易。因此，企业要了解帕累托定理的"重要少数"，即通常数量上仅占10%的原材料，其价值却占总价值的70%～80%。假如能掌握价值占80%左右的"重要少数"，那么，企业就可以真正实现控制采购成本的目的，这就是重点管理法。根据一些企业的实际操作经验，采购调查范围如图4-1所示。

范围一	选定主要原材料20～30种，其价值占总价值70%～80%以上的
范围二	常用材料、器材属于大规模采购项目的
范围三	性能比较特殊的材料、器材（包括主要零配件），一旦供应脱节，可能导致生产中断的
范围四	发生突发事件应紧急采购的
范围五	波动性大的物资、器材
范围六	计划外资本支出、设备器材采购，数量巨大，影响经济效益的

图4-1　采购价格调查的主要范围

小提示

为了便于了解占总采购价值80%的"重要少数"原材料的价格变动情况，采购人员应当随时记录，真正做到了如指掌。

2.信息收集方式

信息收集可分为图4-2所示的三种方式。

3.信息的收集渠道

对于信息的收集，常见的渠道有：

（1）杂志、报纸、网络等媒体。

（2）信息网络或产业调查服务企业。

图4-2　采购价格息收集方式

（3）供货商、顾客及同行。

（4）展览会或研讨会。

（5）协会或公会。

 小提示

　　由于采购价格信息范围广泛，来源复杂，加之市场环境变化迅速，企业采购人员必须筛选出正确的有用的信息，为企业高层决策提供依据。

4.处理调查资料

　　采购部门可将从采购市场调查所得的资料，加以整理、分析与讨论，并在此基础上提出改进建议。即采购部门根据调查结果，编制材料调查及商业环境分析报告，向企业管理层提出有关改进建议（比如降低成本、增加利润），并根据充分的调查结果，制定更科学的采购方法。

三、计算采购价格

　　采购人员应对影响采购价格的各种因素进行科学的分析，并以合理的材料成本、人工成本及作业方法为基础，计算出采购价格。

　　采购价格的计算公式为

$$采购价格 = 物料成本 + 人工成本 + 设备折旧 + 行政费用 + 利润$$

　　按上述公式计算的采购价格，如果供应商无法接受，企业应根据详细的资料，逐一分析双方的报价明细和差距，并不断修正，同时与供应商友好协商，以达成双方都满意的价格。

下面提供一份采购价格管理制度的范本，仅供参考。

范本

采购价格管理制度

1.目的

为确保采购材料的品质与价格，达成降低成本的目的，并规范采购价格的审核管理，特制定本制度。

2.适用范围

各项材料采购时，价格的审核、确认，除另有规定外，均依本制度执行。

3.价格审核规定

3.1 报价依据

（1）开发部提供材料的规格书，作为采购部分析成本的基础，也为供应商报价提供依据。

（2）非通用物料，一般由供应商先提供样品，开发部确认后再报价。

3.2 价格审核

（1）供应商接到规格书后，在规定期限内提出报价单。

（2）采购部一般挑选三家以上供应商询价。

（3）采购人员将单价审核单一式三份呈部门主管（经理）审核。

（4）采购主管审核后，认为需要进一步议价时，可要求采购人员重新议价，或由其亲自与供应商议价。

（5）采购主管将审核后的价格呈分管副总审核，并呈总经理批准。

（6）副总、总经理均可视情况确定是否需要进一步议价。

（7）单价审核单经核准后，一联交财务部，一联由采购部存档，一联转供应商。

3.3 价格调查

（1）采购部必须定期收集或分析价格资料，以作为降低成本的依据。

（2）本公司各有关单位，均有义务提供价格信息，以便于采购部比价、议价。

（3）已核定的物料采购价格如需变动，采购人员应以单价审核单的形式重新报批，并附上书面的原因说明。

（4）采购价格变动的审核流程，与新价格审核流程一样。

（5）在同等价格与品质条件下，采购人员应优先考虑与原供应商合作。

（6）为配合公司的成本降低策略，原则上采购人员每年应就采购价格与供应商进行磋商。

（7）采购数量或频率有明显增加时，应要求供应商适当降低价格。

4.供应商成本分析

4.1　成本分析项目

成本分析是指采购人员就供应商提供的报价进行成本估计，逐项审查，以求证成本的合理性，一般包括以下项目。

（1）直接及间接材料成本。

（2）工艺方法。

（3）所需设备、工具。

（4）直接及间接人工成本。

（5）制造费用或外包费用。

（6）营销费用。

（7）税金。

（8）供应商的利润。

4.2　成本分析的情形

发生以下情形时，应进行成本分析。

（1）对新材料无采购经验时。

（2）底价难以确认时。

（3）无法确认供应商报价的合理性时。

（4）供应商较单一时。

（5）采购金额巨大时。

（6）需提高议价效率时。

4.3　成本分析表

4.3.1　成本分析表的提供方式

成本分析表的提供方式一般有两种。

（1）由供应商提供。

（2）由采购部编制标准报价单或成本分析表，交供应商填妥。

4.3.2 成本分析表的内容

成本分析表是进行采购成本分析的主要依据，一般的成本分析表包括以下几项内容。

（1）材料成本，包括原材料、辅助材料及间接使用的材料。

（2）工艺方法。

（3）所需设备、工具，包括专用设备、与其他产品共用的设备和产品生产过程中使用的各种工具。

（4）人工成本，包括直接的人工成本和间接发生的人工成本。

（5）制造费用。如果有外包，则包括外包费用。

（6）营销费用。

（7）税金。

（8）供应商的利润。

4.4 成本分析的实施

4.4.1 成本分析表的确认

采购部要对成本分析表的信息进行核实，可通过网络搜索或咨询相关供应商的方式，确认供应商所填写的信息是否属实。

4.4.2 成本要素分析的步骤

（1）规格设计分析。

确认供应商的规格设计是否符合采购的要求。

（2）材料分析。

采购部对供应商所使用材料的特性进行分析，以确认使用该种材料的必要性。

（3）材料成本计算。

通过供应商提供的材料用量，计算材料的总成本。

（4）生产工艺审核。

采购部在相关技术部门的配合下，对供应商的生产工艺进行审核，并研究降低成本的方法。

（5）设备、工具分析。

通过对供应商使用设备及工具的分析，研究生产环节降低成本的方法。

（6）加工工时的评估。

（7）压缩制造费用、营销费用等。

4.5 成本分析报告

采购部通过对供应商的成本进行分析，编制采购成本分析报告，以作为采购过程中与供应商议价的基础。

4.6 成本分析的注意事项

（1）成本分析过程中要善于利用自己或他人的经验。

（2）成本分析过程中要采用一定的技术分析方法，运用会计核查等手段。

（3）要善于向供应商学习。

（4）确定成本计算公式。

四、分析处理供应商的报价

就采购人员而言，底价与成本分析表只为将来议价提供了参考，它只解决"量"的问题。至于"质"的问题，即供应商报价单中的内容，采购人员必须加以分析、审查、比较。

1.价格分析的作用

（1）事先发现报价内容有无错误，避免在将来交货时产生纠纷。确保供应商附带的条件均为买方可接受的。

（2）将不同的报价基础加以统一，以便于将来的议价及比价工作。

（3）提高采购人员的成本分析能力，降低按照"总价"来谈判价格的失误率。

2.审查、比较报价的方式

（1）先把各项直接材料耗用数量、直接人工工时标准化。

（2）再计算所有供应商各项材料的单价、工资率。

（3）求出各供应商的制造成本（变动费用部分）。

（4）计算各供应商的固定费用，包括管理费用、税金、利润。

（5）求出总额，确定报价最低的供应商。

[实战工具08]

原材料价格核算表

调价类型：□新增物料　□供方引进　□备模　□新增委外　□材料涨跌
　　　　　□价格更新　□技术更改　□供方提价　□其他：_____

生产单位：
日期：_____　　编号：_____

供方单位		地址		联系人/电话	
产品型号		图号		零部件名称	
要求材料	料别	展开尺寸（长×宽×厚）		产地	
	牌号	净重（克）			
实用材料	料别	用料尺寸（底面积×高）		产地	
	牌号	毛重（克）			

材料名称	投料金额				回料金额			应计金额		
	毛重（克）	净重（克）	单价（元/克）	金额（元）	回料重量（克）	单价（元/克）	金额（元）	净金额（元）	损耗额（元）	小计（元）
	①	②	③	④=①×③	⑤=①-②	⑥	⑦=⑤×⑥	⑧=④-⑦	⑨=⑧×___%	⑩=⑧+⑨
甲										
小计（1）（元）										
原材料成本										

114

续表

加工成本	加工工序	产量（只/小时）	动力费 功率（千瓦）	电价（元/度）	利用率	金额（元）	工资 定额（元/小时）	金额（元）	模具折旧 价值	寿命	单模产量	金额（元）
		B	C	D	E	F=C×D×E÷B	G	H=G÷B	I	J	K	L=I÷J÷K
	A											
		小计（2）（元）				小计（3）（元）			小计（4）（元）			

外加工	产量（千克）		单价（元/千克）	
管理，其他费用	费率	r=	(6)＝[（1）＋（2）＋（3）＋（4）＋（5）]×r	
成本合计			(7)＝（1）＋（2）＋（3）＋（4）＋（5）＋（6）	
利润	利润率	i=	(8)＝（7）×i	
税费	税率	k=	(9)＝[（7）＋（8）]×k	
价税合计	(10)＝（7）＋（8）＋（9）		价：	税：

小计（5）（元）

备注：付款日期以公司采购协议规定为准，从　年　月　日开始执行。

供方单位确认：　　　　核算：　　　　审核：　　　　财务：　　　　批准：

五、采购价格磋商

采购经理在与供应商磋商采购价格时，要注意下列问题。

1.尽可能与对方负责人进行价格磋商

为了有效地完成价格磋商，缩短价格谈判的过程，除非供应商有级别对等的要求，否则企业应尽可能与供应商的负责人直接进行价格磋商。

2.掌握谈判技巧

在价格磋商中，难免会遇到对方的诡辩与抱怨，他们在磋商时，常提出似是而非的言论，例如产品的利润空间已经很小了，工人要求加薪、减少工作时间以及物价上涨等，目的是强调价格不能再降低了。因此，企业要根据实际计算的成本来加以反驳，使对方无计可施，从而达到降价的目的。在磋商前企业应尽可能掌握图4-3所示的资料。

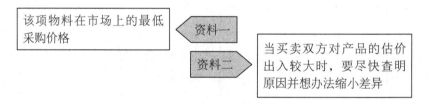

图4-3　在磋商前应掌握的资料

3.了解产品的成本构成及影响因素

采购人员在进行采购价格磋商前，要知道采购物料的销售价格是如何确定的，成本结构如何。

采购人员必须了解产品价格的影响因素。

（1）受市场供求关系的影响。

（2）价格会因计算方法不同而有所差别。

（3）交货日期、付款方式及采购量也会影响价格。

（4）季节性的变动也会影响价格。

（5）受供应商成本因素的影响。

（6）受国家政策的影响。

（7）受物价波动的影响。

4.了解供应商的情况

基于双方的合作关系，企业还要了解图4-4所示的供应商情况。

情况一	企业规模的大小
情况二	供应商对企业的依赖程度，即企业采购在供应商营业额中所占的比例
情况三	供应商在行业内及市场上的信誉度
情况四	供应商的技术水准及市场份额
情况五	供应商的销售情况
情况六	供应商经办人员的经验及实力

图4-4　应了解的供应商情况

5.合适的人员与合适的对象

参与价格磋商的人员，要具备生产、成本、法律等方面的知识。因此，企业有时需要有专门知识的人员一同参与价格磋商，例如专业工程师、会计师等。

确定了参加价格磋商的合适人选后，还需要找对磋商的对象。一般来说，供应商的销售人员不一定了解价格的决定因素，不具备技术及管理方面的知识，但企业要尊重对方的人员，和他们交朋友，从与他们的交谈中获取对价格有决定权的人员信息，然后有针对性地与这个人打交道，如此才能圆满完成任务。

6.有利的时间与地点

进行价格磋商的地点可以是买卖双方的会议室、会客室，或两方以外的地点，如饭店、咖啡店等。在选择地点时，应注意物料的种类，对方的实力、信誉度、待人接物规范性等因素。

通常在小房间或安静的地方进行价格磋商的效果比大房间要佳，因为在大房间商谈，感觉比较疏远，气氛较差，不易缩短交涉双方的距离。为了拉近彼此间的感情，也可开展一系列休闲活动，如高尔夫球、乒乓球或健身活动等。

至于时间的选定，要因人而异。由于人容易受环境、时间的影响，所以聪明的交涉者能察言观色，见机行事。

第二节　采购数量控制

在实际工作中，有些企业会出现采购数量过多或不足的现象。采购数量过多，既占用了采购资金，又增加了不必要的库存空间；采购数量不足，则会直接影响生产经营的正常开展。因此，确定恰当的采购数量，一直是企业采购追求的目标。

一、确定采购数量应考虑的因素

采购人员不能以请购单上的数量作为订货数量，应充分考虑图4-5所示的因素。

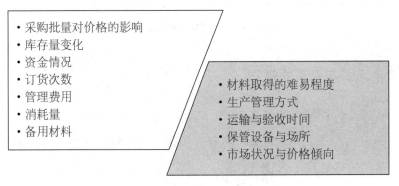

- 采购批量对价格的影响
- 库存量变化
- 资金情况
- 订货次数
- 管理费用
- 消耗量
- 备用材料

- 材料取得的难易程度
- 生产管理方式
- 运输与验收时间
- 保管设备与场所
- 市场状况与价格倾向

图4-5　确定采购数量应考虑的因素

1.采购批量对价格的影响

一般情况下，采购数量越大，价格越低。因为供应商不需换模、重新安排作业，一次完成生产，且搬运工作也能一次完成。

2.库存量变化

库存量的大小，视材料或零配件的不同而不同。库存成本较高的货品，要尽量减少库存。另外，容易老化或变质的货品，也要少量存放。

3.资金情况

若资金宽裕，批量订货较为合适。另外，资金若不那么紧张，但新建工厂或新增机器设备时，需要占用资金，订货数量也将受到限制。

4.订货次数

订货单的填制次数越多，费用越大。尤其是价格低的货品，零零碎碎订货，办手续所花的费用恐怕会高于货品本身的价格。

5.管理费用

采购管理费用，具体如表4-2所示。

表4-2　采购管理费用

序号	费用类别	具体说明
1	采购费用	主要包括人工费、消耗品、通信费、差旅费、交通费等
2	用于议价的费用	即与卖方讨价还价的费用
3	采购资金的利息	为采购资金所支付的利息
4	库房费用	库房的折旧费、维护费、光热费用等
5	仓库部门的人员费用	物品收取、保管、发出等人员的薪资
6	折旧	对仓库设备或机器所提的折旧费用

6.消耗量

每天使用数量不多，但构成交易的单位，没有达到一定的数量而无法订购时，应凑成最小的交易单位，比如，每卷（spool）铜线必须以5千克或10千克作为交易单位。

7.备用材料

进货延迟时，若有备用材料，则订货数量不必过多。

8.材料取得的难易程度

由于季节性因素，某一季节才能上市的材料，最好集中在一起订购。

9.生产管理方式

采用准时生产系统的企业，其订货数量不必过多。

10.运输与验收时间

假如不考虑生产运输、验收所需的时间来确定订货的数量，则会发生缺货损失。

11.保管设备与场所

缺乏保管设备或保管场所空间不够，也会影响订货数量。

12.市场状况与价格倾向

受市场影响价格发生波动的物品，企业应在价格上涨前成批地订货。

考虑以上众多因素之后，企业就可以掌握最经济的订货数量。

 小提示

> 采购人员除了具备专业知识、采购经验之外，也要掌握企业生产状况、经营计划等信息或资料。另外，对供应商的现状或未来的动向也需充分了解。

二、确定最恰当的采购数量

采购人员在确定最恰当的采购数量时，通常可采用以下方法。

1.经济订货批量法

经济订货批量（economic order quantity，EOQ）是一种库存管理方法，旨在平衡采购成本和仓储成本，实现总库存成本最低的目标。

通过计算，可以确定每次订货的最佳数量，从而在保证正常生产的前提下，使库存总体成本最小。经济订货批量法考虑了订货和保管两类成本，包括订购费用（如差旅费、运输费用等）和保管费用（如物料储存费、仓库管理费等）。这种方法要求企业了解计划期间的需求量、每批工装调整费、保管费等数据，经济订货批量一旦确定，通常会成为企业一定时间的订货标准，直到需求或费用结构有显著变化时才会调整。

 小提示

> 经济订货批量法不适合需求波动很大或价值很大的采购。

2.固定数量法

固定数量法是指每次订购的数量都相同。确定订购数量时，采购人员凭经验或直觉，也会考虑某些设备或产能的限制、模具的寿命、包装或运输方面的限制、存储空间的限制等。此方法不考虑订购成本和存货储存成本这两项因素，如表4-3所示。

表4-3　固定数量法举例

周	1	2	3	4	5	6	7	8	9	10	11	12	合计
净需求		10	10		14		7	12	30	7	15	5	110
计划订购		40					40		40				120

3.批对批法

批对批法是指订购数量与每一期净需求的数量相同，每一期均没有库存数。如果订购成本不高，此法比较适用。批对批法的示例，如表4-4所示。

表4-4　批对批法的示例

周	1	2	3	4	5	6	7	8	9	10	11	12	合计
净需求		10	10		14		7	12	30	7	15	5	110
计划订购		10	10		14		7	12	30	7	15	5	110

4.固定期间法

固定期间法是指：

（1）每次订单涵盖的期间是固定（如每个月的第二周下订单）的，但订购数量是变动的。

（2）基于订购成本较高的前提。

（3）固定期间，由采购人员凭过去的经验或主观来确定。

（4）采用此法，每期将会有剩余存货。

固定期间法的示例，如表4-5所示。

表4-5　固定期间法的示例

周	1	2	3	4	5	6	7	8	9	10	11	12	合计
净需求		10	10		14		7	12	30	7	15	5	110
计划订购	25				30				60				115

5.物料需求计划法

物料需求计划法可用以下公式计算出订购数量。

主生产排程×用料表=个别项目的毛需求

个别项目的毛需求−可用存货数（库存数+预计到货数）=个别项目的净需求

三、寻找合适的订货方式与数量

1.以定期订货的方式确定订货数量

定期订货可遵循以下步骤：将订货（下单）周期定为一星期或一个月；在该时点预测消耗量；算出订货数量。

$$订货量＝[(订货周期＋调度期间)×消耗预测量]－现有库存量－$$
$$已订货而未到货量＋安全库存量$$

之所以要加上安全库存量，是因为在调度期间需求可能会增加，或调配期延长需要预防库存短缺。

2.以定量订货的方式确定订货数量

计算经济订货量的公式为：

$$订货点＝平均消耗量×调度期间＋安全库存量$$

其中，平均消耗量为年生产数量的月平均值。

3.寻找适当订货方式与数量的步骤

寻找适当的订货方式与数量，具体步骤如表4-6所示。

表4-6　寻找适当订货方式与数量的步骤

序号	步骤类别	具体说明
1	确定最适合的订货方式	订货品目确定后，首先要考虑是采取定期订货方式还是定量订货方式： （1）价格高、库存负担大、具有设计变更可能且调度时间长的物品，宜采取定期订货方式 （2）价格低、库存负担小、经常有需要、要有一定数量库存的物品，宜采用定量订货方式
2	查核订货数量	订货方式决定了订货数量，所以有必要对以下内容予以查核： （1）预测将来的价格是否会上涨——会上涨则增加订货数量 （2）预测将来的价格是否会下跌——会下跌则减少订货数量 （3）数量折扣率——增加数量时价格会更低，则增加订货数量 （4）是否容易劣化——易劣化则减少订货数量 （5）有无季节因素——非生产季节价格会上涨时，应增加订货数量 （6）是否小于一般的交易单位——为符合一般的商业习惯，应将订货量调整到一般的交易单位 （7）有无保管场所——缺乏保管场所时应减少订货数量

第三节　采购品质控制

采购物料的品质是企业质量控制的第一个环节，物料质量的好坏直接影响产品的质量和生产的进度，因此，企业必须做好采购品质的控制。

一、品质的构成要素

品质的构成要素如表4-7所示。

表4-7　品质的构成要素

序号	要素	说明
1	功能	（1）功能为品质的最基本要素 （2）在物料采购前，必须对采购物料的功能或用途进行深入了解，以便寻找适当的供应来源，计算成本与价格
2	寿命	寿命的长短与品质有关
3	稳定性	（1）内在的稳定性，主要为性能的稳定，如生产效率或速率、温度及各种物理或化学特性 （2）外在的稳定性，主要是外观的稳定，如形状结构、颜色以及使用方式等 （3）一般来说，稳定性越高，品质越佳。采购时除要求供应商提供规格或性能说明外，必要时应做实质测试
4	安全性	除采购物料本身的设计安全外，也要注意该物料在投入生产或使用时有无危险、对环境的危害程度，以及采取的预防措施及负担的费用等
5	先进性	在采购时，应注意所采购物料是否为老旧落伍材料，能否跟上现代化潮流，满足大众需要

二、制定采购品质管理制度

企业应根据自身的实际情况制定相应的品质管理制度。在此，介绍几种常见的管理制度。

1.进货检验控制制度

该制度应对进货验收、隔离、标识、结果处理，检验或试验方法及依据，使用的工具量具、仪器仪表，设备的维护与使用，检验人员、试验人员的技能要求等作出规定。

2.采购品质记录管理制度

企业可按照ISO 9000品质管理体系的要求，对采购品质的记录进行控制。采购品质记录包括两方面，如图4-6所示。

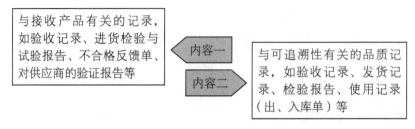

图4-6　采购品质记录的内容

对以上采购记录一定要按相关制度的规定进行填写、传递、保管。

3.供应商选择评估制度

该制度就供应商选择、评估、审核等明确了职责分工、作业程序及处理办法等内容。

三、健全采购品质保证体系

采购品质保证体系是指企业为保证和提高采购品质，运用系统的原理和方法，设置合理的组织机构，把采购部门、采购环节的品质管理活动紧密地联系起来，形成一个有明确职责、权限，互相协作的品质管理体系。要建立一个完善的、高效的采购品质保证体系，必须做到图4-7所示的几点。

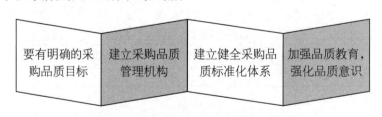

图4-7　健全采购品质保证体系的措施

1.要有明确的采购品质目标

品质目标是采购部门的行动指南。品质目标确定后，要层层下达，确保有效实施。

2.建立采购品质管理机构

采购品质管理机构应能起到协调技术部门、使用部门与采购部门及供应商与采购部门的作用，使各部门配合得更好。

3.建立健全采购品质标准化体系

采购标准包括国际标准、国家标准、行业标准和企业标准。而采购标准化则意味着简化采购工作，买卖双方在达成协议时即明确了尺寸、品质、规格。因此采购标准化工作，可以保证品质、减少采购数量、降低库存，从而降低最终产品的成本。

4.加强品质教育，强化品质意识

企业应形成一种加强品质教育、强化品质意识的文化，在工作中把品质教育作为采购品质管理的"第一道工序"。

四、控制供应商的品质

供应商品质控制是采购品质控制的重点，企业可以综合使用各种方法，做好供应商品质的管理，具体如图4-8所示。

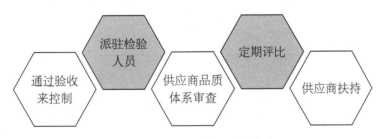

图4-8　控制供应商品质的方法

1.通过验收来控制

验收是指通过检查或试验确认产品合格与否。验收以验收标准以及验收方法为依据。

一般来说，常见的验收方法有图4-9所示的四种。

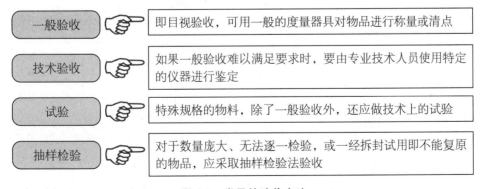

图4-9　常见的验收方法

【实战工具09】▶▶▶ ---------------------------------------

采购验收表

编号：　　　　　　　　　　日期：

编号	名称	订货数量	规格符合		单位	实收数量	单价	总价
			是	否				
是否分批交货	口是 口否	会计科目			供应商		合计	
检查		验收结果			检查主管		检查员	
抽样：____%不良 全数：____个不良								
总经理		成本合计			仓库		采购	
	主管		核算		主管	收料	主管	制单

2.派驻检验人员

此方法与第一种类似，只不过是企业将进料检验人员派到供应商处，间接降低了企业的成本。

企业应派驻哪种类型检验人员？应如何培训他们？应如何提供支持与协助？应如何评价他们？具体的操作要求如表4-8所示。

表4-8　派驻检验人员的具体操作要求

序号	要求	具体说明
1	派驻检验人员的要求	派驻的检验人员必须对该行业有充分的了解，必须了解产品的构成部件，必须对产品的最终用途有充分的了解，应该有一个良好的教育背景
2	派驻检验人员的义务	派驻的检验人员必须铭记：他们是企业的重要人物，但应保持诚实与谦虚。派驻检验人员的首要任务是与供应商建立良好的关系
3	派驻检验人员的培训	应发给派驻检验人员一本经营手册，作为其行动的指南，既要给予派驻检验人员足够的个人自由度；又要给予他们相应的限制，以免他们经受不住供应商的诱惑

序号	要求	具体说明
4	派驻检验人员的报告	派驻检验人员提供的报告应是有用的、直接的、定期的，这些报告的副本应作为其个人业绩记录加以保存
5	派驻检验人员可获得的支持	派驻检验人员在遇到困难时可以直接求助他的部门经理，得到部门经理的支持

【实战工具10】▶▶ -

检验报告单

订单编号					供应商						
验收日期					入库单位						
需求日期					交货日期						
件号	品名规格	厂牌	单位	收货数量	单价	金额	拒收数量	拒收数量现状	本订单未交量	再交	不交
合计											
人民币：佰　拾　万　仟　佰　拾　元整								发票号码			
使用单位				用途							
备注：											

仓库主管：　　　　　验收人员：　　　　　检查人员：　　　　　制单人员：

- -

3.供应商品质体系审查

供应商品质体系审查，是企业为了确保供应商交货品质，定期对供应商的整个管理体系进行的评审。一般对新供应商要进行一次或几次评审，以后每半年或一年做一次。但如出现重大品质问题或近期经常退货，且又不好变更供应商时，也必须对供应商做一次品质体系审查。

企业可组织各方面专家定期对供应商进行审核，以便于全面掌握供应商的综合能力，及时发现薄弱环节并要求其改善，从而保证来料品质。

4.定期评比

定期对供应商进行评比，可促进供应商之间形成良性有效的竞争机制。

企业可定期对所有供应商进行评分，并将评分结果发送给供应商，促进其不断改善。该方法对供应商品质保证有很多正面作用。

5.供应商扶持

企业应对低价位、中低品质的供应商进行品质扶持，通过派专业人员对其进行指导，以促使品质的提升。

五、与供应商签订品质保证协议

品质保证协议对供应商明确地提出品质要求，协议中的品质要求和检验、试验与抽样方法应得到双方的认可和充分理解，从而确保采购产品的品质。

1.品质保证协议的要求

（1）品质保证要求应得到双方的认可，以防给今后的合作留下隐患。

（2）品质保证协议应当明确检验的方法及要求。

（3）品质保证协议中提出的品质要求应考虑成本和风险等方面的内容。

2.品质保证协议的内容

（1）双方共同认可的产品标准。

（2）供应商建立品质管理体系，由第三方对供应商的品质体系进行评价。

（3）企业的接收检验方法。

（4）供应商提交检验、试验数据记录。

（5）由供应商进行全检或抽样检验与试验。

（6）检验或试验的规程/规范。

（7）使用的设备、工具，工作方法、条件和人员技能等。

下面提供一份××电器有限公司采购品质保证协议书的范本，仅供参考。

范本

××电器有限公司采购品质保证协议书

甲方：××电器有限公司

乙方：

双方本着"互惠互利、共同发展"的原则，为确保产品品质的稳定提高，特签订本协议。

一、乙方为甲方提供的_____产品的品质应满足以下部分或全部要求。

1.双方签订_____

2.甲方提供的技术标准_____

3.甲方提供的图纸_____

4.其他补充要求_____

二、乙方应对出厂产品的以下项目进行全程把关。

_____

_____

_____

对每批产品向甲方提供：（用打"√"的方法选取）

（　　）检验合格证。

（　　）检测报告。

（　　）检验原始记录。

（　　）型式试验报告（每年）。

三、甲方对乙方提供的产品进行验收，采用全数检验或抽样检验两种方法。

1.全数检验不合格率（P1）：_____

2.抽样检验：_____

　抽样方案：_____

　合格品质水平：_____

　抽样检验批次不合格率（P2）：_____

四、乙方产品中不合格品的范围，应为甲方进厂检验时发现的不合格品、生产过程中发现的不合格品和售后发现的不合格品的总和。

五、全数检验不合格率（P1）和抽样检验批次不合格率（P2）的计算方法。

全数检验：

$$P1 = \frac{进厂检验发现的不合格品数}{交验产品总数} \times 100\%$$

抽样检验：

$$P2 = \frac{季度抽查不合格批数}{季度抽查总批数} \times 100\%$$

六、产品进厂验收的检验依据为：_____

七、品质保证

1.乙方应按甲方的要求，并参照ISO 9000系列标准建立品质保证体系，不断提高品质保证能力。

2.甲方需要确认乙方的品质保证体系及品质保证现状时，征得乙方同意后可进入乙方进行质保体系调查。

3.如果乙方将甲方所需的产品全部或部分委托给第三方时，甲方有权进入第三方调查品质保证能力，乙方应予以协助。

八、为促进乙方产品品质稳定提高，对于乙方责任造成的不合格品，甲方应采取以下经济措施。

1.整批产品不合格的，应及时通知乙方，并由甲方作出可否再用的决定。对于可再用的产品，需办理相应手续并按降级处理，甲方将扣除该批产品总价值的____%；不可再用的不合格品，甲方有权整批退货，并收取乙方该批产品价值的____%作为检验费和误工费。

2.合格批中的不合格品，甲方除退货外，还将收取乙方退货款的____%作为检验费与误工费。

3.如整批不合格退回，而乙方又不能及时再次提供合格品，甲方因此停产造成的一切损失，乙方必须负全部责任。

4.乙方为甲方提供产品、原材料、零配件的制造工艺需要改变时，必须事先通知甲方，征得甲方同意；否则由此造成的一切损失由乙方承担。

5.如果乙方产品品质连续两个月达不到本协议规定的标准，或发生重大品质问题，除执行本协议的有关条款外，甲方有权减少乙方的供货量或终止合同，并取消乙方定点资格。

九、因乙方提供的产品出现品质问题而造成重大事故，按国家品质法规处理。

十、其他补充条款

_____

_____

十一、当甲、乙双方认为协议条款需要变更时，应由双方协商重新签订协议。

十二、本协议未尽事宜，由双方共同协调解决。

十三、本协议一式四份，各执两份，经双方签字盖章后生效。

第五章

采购成本管理

采购成本下降不仅使企业现金流出减少，而且直接体现出产品成本下降、利润增加以及企业竞争力增强。因此，控制采购成本并使之不断下降，是企业不断降低产品成本、增加利润的重要和直接手段。

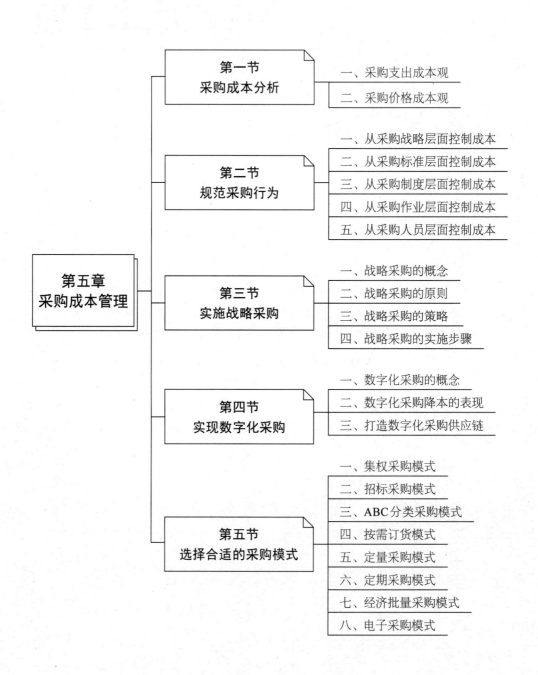

第五章
采购成本管理

第一节
采购成本分析
一、采购支出成本观
二、采购价格成本观

第二节
规范采购行为
一、从采购战略层面控制成本
二、从采购标准层面控制成本
三、从采购制度层面控制成本
四、从采购作业层面控制成本
五、从采购人员层面控制成本

第三节
实施战略采购
一、战略采购的概念
二、战略采购的原则
三、战略采购的策略
四、战略采购的实施步骤

第四节
实现数字化采购
一、数字化采购的概念
二、数字化采购降本的表现
三、打造数字化采购供应链

第五节
选择合适的采购模式
一、集权采购模式
二、招标采购模式
三、ABC分类采购模式
四、按需订货模式
五、定量采购模式
六、定期采购模式
七、经济批量采购模式
八、电子采购模式

第一节　采购成本分析

企业对采购成本有以下两种观点。

（1）采购价格成本观：采购成本＝采购价格

（2）采购支出成本观：采购成本＝企业采购支出－采购价格

一、采购支出成本观

在该观点中，采购成本通常由材料维持成本、订购管理成本以及采购不当导致的间接成本构成，如图5-1所示。

图5-1　采购支出成本的构成部分

1.材料维持成本

材料维持成本是指为保持材料而发生的成本。它可以分为固定成本和变动成本，固定成本与采购数量无关，如仓库折旧、仓库员工的固定工资等；变动成本则与采购数量有关，如物料资金的应计利息、物料破损和变质损失、物料的保险费用等。

材料维持成本的具体项目如表5-1所示。

表5-1　材料维持成本的具体项目

序号	项目	具体说明
1	维持费用	维持费用是指维持存货品质需要投入的资金。这样，其他需要使用资金的地方就丧失了机会，如果每年其他使用这笔资金的项目的投资报酬率为20%，则每年存货资金成本为这笔资金的20%
2	搬运支出	存货数量增加时，搬运和装卸的机会增加，搬运支出也一样增加
3	仓储成本	仓储成本是指仓库的租金及仓库管理、库存盘点、设施维护（如保安、消防等）等费用
4	折旧及陈腐成本	折旧及陈腐成本是指存货变质、破损、报废、价值下跌所造成的损失
5	其他支出	如存货的保险费用、其他管理费用等

2.订购管理成本

订购管理成本是指企业为了实现一次采购而开展各项活动所发生的费用，如办公费、差旅费、邮资、电话费等。

具体来说，订购管理成本包括表5-2所示的费用。

表5-2　订购管理成本的费用

序号	项目	具体说明
1	请购手续费	请购手续费是指请购所耗用的人工费用、事务用品费用、主管及有关部门的审查费用
2	采购成本	采购成本是指估价、询价、比价、议价、采购、通信联络、事务用品等的费用
3	进货验收成本	进货验收成本是指检验人员验收发生的人工费用、交通费用、仪器仪表费用等
4	进库成本	进库成本是指搬运物料发生的费用
5	其他成本	如会计入账、支付款项等发生的费用

3.采购不当导致的间接成本

采购不当导致的间接成本是指由于采购中断或者采购过早而造成的损失，包括待料停工损失、延迟发货损失和丧失销售机会损失、信誉损失。如果损失了客户，还可能为企业造成间接或长期损失。

具体来说，采购不当导致的间接成本可分为表5-3所示的五种。

表5-3　采购不当导致的间接成本的分类

序号	类别	具体说明
1	采购过早的管理成本	过早采购会导致企业物料管理费用增加，比如人工费用、库存费用、搬运费用等。一旦订单取消，过早采购的物料就容易成为呆滞料
2	安全存货的成本	许多企业都会考虑保持一定数量的安全存货，即缓冲存货，以防未来交货的不确定性。但是确定何时需要及保持多少安全存货比较困难，存货太多意味着多余的库存；而安全存货不足则意味着断料、缺货或失销
3	延期交货的成本	延期交货有两种形式：货物在下次规则订货中得到补充；快速运送延期的货物。 （1）在第一种情况下，如果客户愿意等到下一个周期交货，那么企业实际上没有什么损失；但如果经常缺货，客户可能就会转向其他企业 （2）快速运送延期的货物，会发生特殊订单处理和送货费用。而这费用相对于规则订货的处理费用要高

续表

序号	类别	具体说明
4	失销成本	尽管一些客户允许延期交货，但仍有一些客户会转向其他企业。企业的损失除这批货物的利润外，还应该包括销售人员人力、精力的浪费
5	失去客户的成本	由于缺货，客户有时会转向另一家企业，企业因此也就失去了一系列收入，这种缺货造成的损失很难估计。除了利润损失外，还有信誉损失。信誉很难度量，在采购成本控制中常被忽略，但它对企业未来销售及客户运营却非常重要

【实战工具11】 ▶▶▶

采购成本分析表

厂商名称： 年 月 日

产品名称		零件名称		零件料号		估价数量		备注

主材料费	序号	名称	规格	厂牌	单价	用量	损耗率	材料费

加工费	序号	工程内容	使用设备	日产量	设备折旧	模具折旧	单价	加工费

后加工费	序号	加工名称	使用设备	日产量	加工单价	说明		

材料费合计		加工费合计		后加工费合计	
营销费用		税金		利润	
总价					
备注：					

二、采购价格成本观

在企业内部，许多采购人员认为"采购成本=采购价格"。尽管一些企业经营者不太认同这种观点，但它对采购人员执行采购任务来说却有不小的影响。

采购价格即产品的购入价格，由供应商产品制造成本与供应商的利润目标来确定。

即：

产品购入价格=供应商产品制造成本+供应商的利润目标

1.供应商产品制造成本

供应商产品制造成本包括供应商原料费、人工费、制造费三部分，如表5-4所示。

表5-4　供应商产品制造成本

序号	成本构成	具体说明
1	原料费	原料费是指用来加工成产品的材料的费用，其是产品成本的主要部分，具体包括原材料的购价、运费和仓储费用
2	人工费	人工费是指直接从事产品制造的工作人员，例如加工与装配人员、班组长等的薪资与福利
3	制造费	制造费是指原料费与人工费之外的一切制造成本，包括间接材料费、间接人工费、折旧、水电费、租金、保险费、修护费等。在此介绍以下两个概念： （1）间接材料指制造过程中所需的工具、夹具、模具、润滑油、洗剂、接着剂及螺丝钉等 （2）间接人工指与产品生产并无直接关系的人员，例如各级管理人员、品管人员、维修人员及清洁人员等

2.供应商的利润目标

供应商的利润构成如图5-2所示。

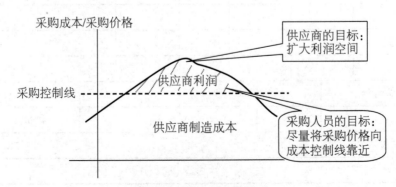

图5-2　供应商的利润构成

第二节　规范采购行为

对于企业来说，可从系统建设方面营造合规的采购环境，从技术层面提高采购业务的执行能力，从而规范采购行为，提升采购部门的业务综合能力，达到采购总成本最低的目标。

一、从采购战略层面控制成本

战略采购管理充分平衡企业内部和外部的优势，以双赢采购为宗旨，注重与供应商保持长期战略合作关系，是适应新经济形势发展的采购管理方式，具体措施如图5-3所示。

图5-3　战略采购管理措施

1.改变传统的采购观念

采购不仅是原材料的采购，还包含了质量管理、生产管理和产品设计等。客户的需求必须通过供应链各环节主体的参与才能实现。了解客户的偏好是战略采购的前提，因此，改变传统的采购观念有利于战略采购的有效实施。

2.采供双方进行要素优化组合

基于核心能力要素组合的思想，供应商和企业之间应进行要素优化组合。战略联盟关系并非买卖交易关系，要建立这种联盟关系，供需双方应达到战略匹配。供应商评估和管理不再以交易为第一原则，而是首先考虑战略匹配问题。

3.进行供应市场分析

采购不单是货比三家，还包括供应市场分析，这种分析不仅包括产品价格、质量分析，还包括产品行业分析，甚至包括宏观经济形势预测。此外，企业应该对供应商的战略作出判断，因为这会最终影响采购关系的可靠性。

二、从采购标准层面控制成本

标准化作业是现代企业管理的基本要求，是企业正常运行的基本保证，促使企业的生产经营活动和各项管理工作达到合理化、规范化、高效化，是成本控制的基本前提。在成本控制中，图5-4所示的四项标准化工作极为重要。

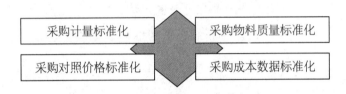

图5-4　成本控制中的标准化工作

1.采购计量标准化

采购计量标准化是指用科学的方法和手段，对采购活动中的量和质进行测定，从而为采购活动尤其是采购成本控制提供准确数据。如果没有统一的计量标准，那么基础数据不准确，资料标准不统一，就无法获取准确的采购成本信息。

2.采购对照价格标准化

采购成本控制过程中要用到两个对照价格，一是采购标准价格，即原材料市场的当前价格或历史价格；二是采购预算价格，即企业通过利润率与产品销售价格计算出来的原材料额定价格。采购标准价格和采购预算价格是采购成本控制的基本要求。

3.采购物料质量标准化

质量是产品的灵魂，没有质量，再低的成本也是浪费。采购成本控制是质量合格下的成本控制，没有采购物料的质量标准文件，就无法满足采购活动的要求，更谈不上采购成本控制。

4.采购成本数据标准化

企业应明确采购成本数据的采集过程、成本数据报送人和入账人的责任，使成本数据按时报送，及时入账，便于传输；还应规范采购成本的核算方式，明确采购成本的计算方法，形成统一的成本计算图表，使采购成本核算结果准确无误。

三、从采购制度层面控制成本

从采购制度层面控制成本的措施如表5-5所示。

表5-5　从采购制度层面控制成本的措施

序号	控制措施	具体说明
1	完善采购基础管理工作	包括采购物资分类、分级与数据库建立；合格供应商评价标准的确定与供应商等级的划分；各类物料采购的最低批量、采购周期、标准包装数量；各种采购物料的样品及技术资料
2	建立大宗采购招标制度	要建立大宗采购招标制度，明确招标流程，使招标采购真正起到降低采购成本的目的，特别要避免形式主义
3	零散采购实行采购信息登记备案制度	采购品名、数量、商标、价格、供应商名称、采购地点、联系电话等信息要详细向企业稽查部门登记备案，企业可随时派人以第三方身份进行抽查
4	各部门分工协作，相互制约	采购部门负责初选供应商；质量与技术等部门负责评价供应商的供货能力，并对其资格进行认定；财务部门负责价格的监督与控制；付款由公司主要领导审批
5	通过采购人员整合，实现采购渠道整合	明确各采购人员负责采购的物资，同一类物资应由同一人员经同一渠道采购，除非是有计划地变更供应商
6	规范采购合同	采购合同应明确规定，供应商不得以不正当竞争方式贿赂企业人员，否则企业按比例扣除货款；合同中还应明确有关采购返利的事项
7	建立采购询价制度	企业应确定哪些供应商能以最低成本完成原材料的供应，即确定供应商的范围，该过程也叫供方资格确认
8	与供应商建立稳定的合作关系	稳定的供应商关系能确保供货的质量、数量、交期、价格等

 小提示

企业应注重提高供应链的整体竞争优势，要尽可能与优秀的供应商建立长期、稳定的合作关系，鼓励供应商进行产品与技术改进，支持供应商发展，必要时可与其签订战略联盟合作协议等。

四、从采购作业层面控制成本

从采购作业层面控制成本的措施如表5-6所示。

表5-6　从采购作业层面控制成本的措施

序号	控制措施	具体说明
1	通过付款条件降低采购成本	如果企业资金充裕，或者银行利率较低，可采用现款现货的付款方式，这样往往能带来较大的价格折扣，但对整个企业的资金运作会有一定影响
2	把握价格变动的时机	价格经常随季节、市场供求关系而变动，因此，采购人员应注意价格变动的规律，把握采购时机
3	以竞争招标的方式来牵制供应商	对于大宗物料采购，实行竞争招标，往往能得到底线价格。通过对供应商进行牵制，可使企业在谈判中处于有利的地位
4	向制造商直接采购	向制造商直接订购，可以减少中间环节，降低采购成本，同时，制造商的技术服务、售后服务会更好
5	选择信誉好的供应商并与其签订长期合同	与诚实、讲信誉的供应商合作，不仅能保证供货的质量、交期，还可得到付款条件及价格的优惠
6	多渠道扩展企业供应链	企业应进行充分的采购市场调查和资料收集，不断开发供应商资源，多渠道扩展企业供应链。企业的采购管理要达到一定水平，应注重对采购市场的调查和资料的收集、整理，只有这样，企业才能充分了解市场的状况和价格走势，使自己处于有利地位

五、从采购人员层面控制成本

一些企业管理人员坦言："采购腐败是防不胜防的，许多企业都绕不过这道坎。"为寻求这类问题的解决方案，企业需要采取图5-5所示的措施。

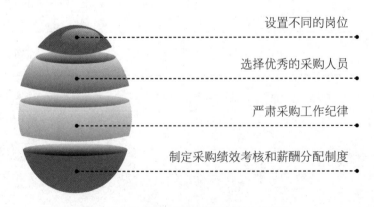

设置不同的岗位

选择优秀的采购人员

严肃采购工作纪律

制定采购绩效考核和薪酬分配制度

图5-5　从采购人员层面控制成本的措施

1.设置不同的岗位

针对采购环节，设置不同的岗位，可避免采购权力过于集中，需要互相制约和监督支持，同时又不要影响各岗位人员工作积极性。

2.选择优秀的采购人员

采购人员需要具备图5-6所示的综合素质。企业还应禁止采购管理者的亲属从事采购业务。

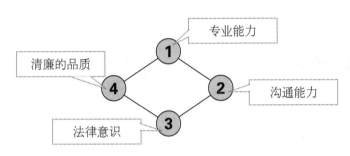

图5-6　采购人员应具备的综合素质

专业能力不仅包括对原材料属性的认知，还包括对原材料管理流程的熟悉程度。清廉的品质，对经常与钱打交道的采购人员来说尤其重要，虽然企业在内部管理的各个环节已采取了种种措施，但对一线采购人员来说，还是会不可避免地遇到供应商的种种诱惑，怎样预防诱惑背后的陷阱，就需要采购人员具备清廉的品质和很强的法律意识。

3.严肃采购工作纪律

采购活动的决策和执行程序应当明确、透明，各岗位应相互监督、相互制约，严格遵循"事前周密计划、事中严格控制、事后认真分析总结"的工作原则。企业应实行"全员、全过程、全方位"的采购监管机制，坚决杜绝营私舞弊、收受回扣、损害企业利益的违纪违法行为。采购人员对无法回绝的供应商礼品、礼金，应立即上缴企业备案。采购人员应爱岗敬业，尽职尽责，忠于企业，对企业负责，维护企业利益，保守企业秘密等。

4.制定采购绩效考核和薪酬分配制度

企业应对各采购岗位的业绩进行考核，并引进和制定科学的管理方法。绩效考核的标准是非常重要的，它可以促进采购管理各环节工作的持续改进，营造以绩效促成本降低的工作氛围。

第三节　实施战略采购

战略采购是企业采购的发展方向和必然趋势，在企业创立之初，由于采购数量和种类的限制，战略采购的优势并不明显，但在企业向更高层次发展的过程中，这种优势会日益增加。有远见的企业应该在发展之初就有计划地构建战略采购框架。

一、战略采购的概念

战略采购是科尔尼咨询公司于20世纪80年代首次提出的，科尔尼咨询公司致力于战略采购的研究和推广工作，为全球500强企业中的三分之二提供过战略采购咨询服务。

战略采购的目的是使采购部门的所有活动都围绕提高企业能力展开，从而实现企业的远景规划。它有别于常规的采购管理，它注重的是"最低总成本"，而常规采购注重的是"单一最低采购价格"。战略采购可系统地评估企业的购买需求，确认内部和外部机会，从而减少采购的总成本；同时能充分平衡企业内外部优势，以降低整体成本为宗旨，贯穿整个采购流程，实现从需求描述到付款的全过程管理。常规采购和战略采购的概念模型如图5-7及图5-8所示。

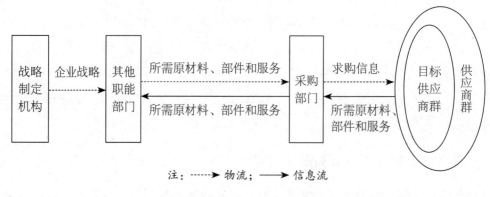

注：┈┈▶ 物流；────▶ 信息流

图5-7　常规采购的概念模型

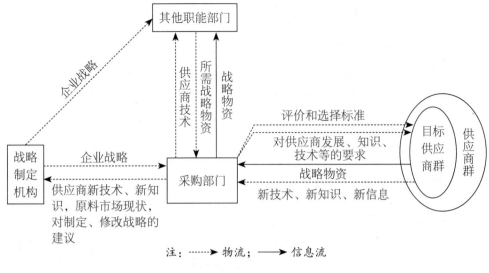

注：┈┈┈▶ 物流；━━▶ 信息流

图5-8 战略采购的概念模型

二、战略采购的原则

战略采购的原则如图5-9所示。

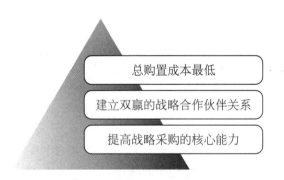

图5-9 战略采购的原则

1.总购置成本最低

总购置成本不是简单的采购价格，而是企业购置原料和服务所支付的总成本，包括安装费用、税费、存货成本、运输成本、检验费、修复或调整费用等。总成本最低被许多企业的管理者理解为采购价格最低，从而忽略使用成本、管理成本和其他无形成本。

采购决策影响着后续的运输、安装、维护、调换乃至产品的更新换代，因此，企业必须对整个采购流程中所涉及的关键成本和其他长期潜在成本进行评估。

2.建立双赢的战略合作伙伴关系

不同企业有不同的采购方式，企业的采购方式与管理层的思路与风格密切相关，有的企业倾向于良好的合作关系，有的企业倾向于竞争性定价。战略采购的结果不是一方获利另一方失利。战略采购的谈判应该是一个商业协商的过程，企业不应利用采购杠杆，迫使供应商进行价格妥协，而是基于对原材料市场的充分了解和企业自身长远规划，最终实现双赢。

3.提高战略采购的核心能力

战略采购的关键是一套范围广泛的组织能力体系，包括总成本建模能力、创建采购战略能力、建立并维持供应商关系的能力、整合供应商能力、利用供应商创新的能力、发展全球供应基地的能力。很少有企业同时具备以上六种能力，但其至少应当具备以下三种能力。

（1）总成本建模能力，它为整个采购流程提供了基础。

（2）创建采购战略能力，它推动了采购从战术观点向战略观点的转换。

（3）建立并维持供应商关系的能力，它注重的是双赢的采购模式。

三、战略采购的策略

实施战略采购，可参考图5-10所示的策略。

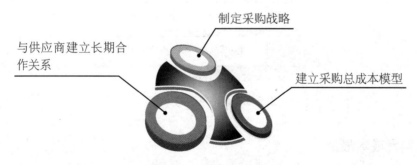

图5-10　战略采购的策略

1.制定采购战略

企业应以统一的采购标准和程序、先进的信息管理为手段，以高素质的员工队伍为基础，以国际先进的管理水平为参照，以集中采购、同步采购、双赢采购为目标，在产品开发、质量、价格、物流四个方面实现最佳采购供应链，用产品开发能力、质量保证能力为客户提供最大的价值，用合理的价格、最低的储备和运输成本实现企业的效益最大化。

（1）同步采购主要针对新产品研发，要求供应商能和企业保持同步开发，极大地缩短产品的研发周期。由于供应商先期介入，避免了一些不必要设计变更，使零部件在工艺上更能满足技术要求。

（2）集中采购主要是提高同类产品资源的集中度，通过对现有零部件及原材料进行分析和研究，尽可能将同类产品向一家或少数供应商整合，从而降低采购成本和物流费用。

 小提示

很多企业在发展初期因采购量和种类较少而无法进行集中采购，随着企业向集团化发展，就出现了分公司各自为政的现象，在很大程度上影响了集中采购的实施。事实上，坚持集中采购是企业控制成本的有力措施。

2.建立采购总成本模型

总成本建模是公认的非常重要的采购技能之一，任何一个正确的采购决策不应只考虑商品的采购价格，企业还应建立采购总成本模型，除了价格因素外，还要考虑运输费用、质量成本、库存维护成本等。

在战略总成本模型中，采购管理者首先应当考虑采购产品的分类，即找出占80%采购成本的那20%核心品类，分析采购数量、需求、规格、定价、供应商等内容，并建立供应商名单，对供应商进行调查。通过深入分析原材料的供应市场，全面收集供应商的数据信息，初步确定原材料的供应商名单，并通过数据分析，检验、调整和比较行业采购成本数据和绩效表现水平，制定采购策略。总成本建模能力是战略采购中最重要的能力，为采购过程的一切活动，如制定战略、简化设计、改善供应商成本和降低采购成本，奠定了基础。

3.与供应商建立长期合作关系

战略采购的基本思路就是，采购和供应双方共同寻找节省资金的办法，这比任何单方面的努力更为有效。通过总成本建模，双方可识别出成本要素和驱动要素，从而将精力集中在这些关键的环节。创建采购战略，就是企业与供应商一起来对未来的发展作出规划，为双方的长期价值而努力。

与供应商建立长期合作关系，需要做到图5-11所示的几点。

图5-11　与供应商建立长期合作关系的要点

四、战略采购的实施步骤

战略采购的实施步骤如表5-7所示。

表5-7　战略采购的实施步骤

序号	实施步骤	具体说明
1	确定采购类别	（1）定义采购类别 （2）了解采购类别的基本特性 （3）对采购市场的了解
2	建立供应商名单	（1）发现并筛选出潜在供应商 （2）建立评估标准与方法 （3）进行评估，并建立合格供应商名单
3	制定采购策略	（1）确定采购类别 （2）明确采购策略：采购量集中、产品规格改进、联合程序改进、合作关系重整、全国/球采购、最优价格评估
4	选择实施路径	（1）采用竞争性方法选择供应商 （2）尽可能寻找更多供应商 （3）与原来的供应商共同讨论，实现成本降低的目标
5	选择供应商	（1）设计谈判策略 （2）获得并评估供应商报价 （3）与供应商谈判，定义交易内容 （4）更换供应商，或改变与现有供应商的合作关系
6	与供应商进行整合	在与供应商整合的过程中，需要制订相应的过渡计划，确保稳定供货，不要因为供应商的变更而发生供货中断，影响生产
7	不断进行供应市场基准比较	确保企业具备监督供应市场、供应商的能力，以及采购类别需求变化的流程

第四节　实现数字化采购

数字化技术近年来飞速发展，数字化采购不仅可以识别降本机会、创造企业价值，还可以赋能企业，实现降低采购成本的目的。

一、数字化采购的概念

麦肯锡对数字化采购的定义为：企业通过大数据分析、流程自动化和全新协作模型，提升采购效率，大幅降低成本，从而实现更快捷、更透明的可持续采购。

数字化采购的核心是数据，包括企业内部数据和外部数据。企业通过大数据、AI等技术对采购数据深度挖掘、分析，可实现采购执行自动化、采购支出可视化和供应商生命周期全方位管理，提升供应链透明度，为企业采购管理者的决策提供数据化支持。并从供应商选择、采购价格确定、风险控制、谈判能力提升等方面全面赋能企业采购人员。

数字化采购将促进采购部门将工作重心放在战略寻源和供方管理上，减少日常事务性工作时间；并将采购从服务辅助职能转变为战略职能，从需求驱动转变为主动服务。

二、数字化采购降本的表现

数字化采购能够使大型企业的分散采购集中化、复杂流程简单化、采购过程透明化、采购全流程可控化，最终使企业的采购综合成本降低15%～20%，采购业务效率提高60%以上。相关研究发现，采购成本每下降1%，平均利润增长可达2.3%，杠杆作用非常明显。

数字化采购降本的主要体现如图5-12所示。

 采购共享服务可降低采购人员成本；通过系统对接，转嫁部分工作给供应商，可减少采购人员和共享服务中心的工作量；通过采购执行自动化，可降低企业的采购工作量

 通过对供应商的不断筛选，可增加优质供应商数量，降低供应商总数量，确保采购商品总体拥有成本（TCO）达到最优

图 5-12

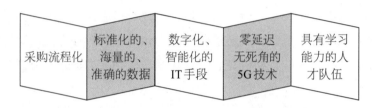

通过成本分析，能及时发现采购过程中的低效工作和价格变化，将成本分布和成本节约进度清晰地呈现给业务、采购、财务人员，以便其提出最优的采购成本节约方案

图5-12　数字化采购降本的表现

三、打造数字化采购供应链

由于采购涉及的主体多、层级多、品类多、金额大，且业务复杂，企业面临诸多痛点与难点，对优化采购业务流程、进一步降本增效的需求也更加迫切，而数字化采购在这些方面表现出巨大优势。很多企业主动探索数字化转型，形成了各具特色的业务模式和发展路径，取得了明显成效。

一般来说，打造数字化采购供应链，应包含图5-13所示的几个要素。

| 采购流程化 | 标准化的、海量的、准确的数据 | 数字化、智能化的IT手段 | 零延迟无死角的5G技术 | 具有学习能力的人才队伍 |

图5-13　打造数字化采购供应链

1.采购流程化

数字化采购能力离不开规范的流程，建立标准的、操作性强的、符合企业实际的管理体系，对打造高效的供应链系统非常重要。采购供应管理体系通常包括供应商的开发与寻源、供应商评估、供应商风险管理、供应商绩效管理、供应商关系管理、供应商发展（帮扶与淘汰）等。有了规范、标准的流程，数字化系统的建设就有了基础。

比如，数商云开发的端到端采购平台，可以集成内部ERP、WMS、MES等信息系统，实现跟供应商计划、收发货、质量、对账的高效协同。在内部可实现采购申请、定价、采购订单执行、发票开具、对账等环节的闭环管理。对供应商，可实现从注册、认证、准入到采购执行、供应商评估、整改、淘汰等环节的闭环管理。

 小提示

规范的流程能为企业采购变革提供战略性、框架性支撑；帮助企业突破行业和区域限制，为采购变革带来更多的战略价值；帮助企业在可持续发展、流程透明化及多元化供应商管理上得到更多的支持。

2.标准化的、海量的、准确的数据

企业收集供应商端、客户端、生产制造端，以及采购市场、销售市场的相关数据，为建立数字化系统奠定基础。

企业与供应商、客户之间有时很难分享所有数据，这样，企业可以分步骤、有序地推进数字化系统的建设，先优选战略供应商、战略客户、战略物料，然后链接数据，搭建数字化平台，以点带线、以线带面。

3.数字化、智能化的IT手段

通过开发数字化采购系统，可把供应链中各个环节的数据有效链接起来，最终实现自动化响应、智能化决策。将系统集成，实现数据的互联互通，让供应链中的不同环节，包括供应商、供应商的供应商、客户、客户的客户，都能融入数字化系统中，才能真正发挥数字化的作用。企业应致力于利用IT手段打造串联供应链各个单元的数字化系统，实现真正的智能化。

4.零延迟无死角的5G技术

有了数据和算法，还需要传输手段来实现万物互联，即智能物联网。2019年是5G的元年，5G技术的成熟应用将使全球信息传输无延迟、无死角，给信息传输带来划时代的意义。以大数据和精确算法为基础，加上5G的传输速度，能够使信息流及时快速传输，在整个供应链中没有盲点，大大提高了采购管理的效率。

5.具有学习能力的人才队伍

有了流程和数字化驱动，具备充足专业能力和工作经验的人才队伍也必不可少。这类人才不但要熟悉流程，还要有很强的学习能力，善于运用数字化手段提升工作效率。如果树立数字供应链人才的全局观念和协同思想，不断强化供应链思维，那么，数字化供应链时代将指日可待。

第五节　选择合适的采购模式

降低采购成本的模式有很多，如集权采购、招标采购、ABC分类采购、定量采购、定期采购等，不同的模式有不同的特点，企业可以根据实际情况，选择与之相匹配的采购模式。

一、集权采购模式

1.集权采购的认知

（1）一般意义上的集权采购

一些集团公司或者政府部门，为了降低分散采购的选择风险和时间成本，除了将一般性材料交分公司采购外，某些大型机电设备等由公司本部集权采购，这就是一般意义上的集权采购。

（2）实际操作中的集权采购

但在实际操作中，总公司为了压缩分公司的采购主动权，防止分公司与供应商串通，会将所有物料统一交由总公司集中采购，这也被称为集权采购。

2.集权采购的优点

集权采购有表5-8所示的优点。

表5-8　集权采购的优点

序号	优点	具体说明
1	降低采购费用	统一搬运及仓储等会减少一定的费用
2	采购单价降低	集中购买，供应商会提供价格优惠，同时，会使采购的准备时间和费用减少，提高工作效率
3	间接费用减少	间接费用包括订金、运输费、搬运费、质检费等，采购的数量越多，平摊到每一件物品的采购费用就越少
4	采购成本	对于采购成本而言，集权采购有利于： （1）降低采购价格 （2）减少采购行政支出 （3）防止集团内部为了采购而相互提价

3.集权采购的弊端

在公司整合、经济一体化的形式下，分散采购无法体现规模效益和满足全球化的要求。但是，规划、运用不当，集权采购往往会弊大于利。

（1）集权采购会引发集团各部门矛盾

在集权采购的各个环节中，各部门会因维护自己的利益而引发诸多矛盾。

① 子公司、分部认为分散采购有供应商选择权，灵活度高；而集中采购虽然能带来价格优惠，但灵活性低，损失可能更大。

② 设计部门为快速开发新产品，倾向于小型供应商。

③ 生产部门希望质量、交货稳定，更倾向于大型供应商。

④ 采购部门更看重价格，而价格低的供应商往往难以满足设计部门的要求。

（2）集权采购必须把握度

集权采购的度，即一类物料，到底全部由总部集权采购，还是总部适当授权，分部灵活处理。如何权衡集中与灵活，总部与分部需要一段时间的磨合和总结，不能一蹴而就。即使采购模式确定下来，随着采购额、供应商、合作方式、公司战略的变化等，也要及时调整。

4.集权采购的实施

集权采购包括以下几种典型模式：集中定价、分开采购；集中订货、分开收货付款；集中订货、分开收货、集中付款；集权采购后调拨等。采用哪种模式，取决于集团对下属公司的股权控制、税收、物料特性、进出口业绩统计等因素。一个集团公司可能同时存在几种集权采购模式，如图5-14所示。

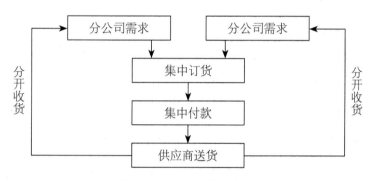

图5-14　集权采购的实施

（1）集中订货、分开收货、集中付款模式

集团总部或采购公司，负责管理供应商及制定采购价格等，并且负责采购订货工作。分支机构提出采购申请，集团总部或采购公司进行汇总、调整，并根据调整结果下达采购订单、收货通知单给分支机构；分支机构根据收货通知单或采购订单进行收货及入库；集团总部或采购公司汇集分支机构的入库单后，与外部供应商结算货款，并根据各分支机构的入库单与分支机构分别进行内部结算。

（2）集权采购后调拨模式

集团总部或采购公司负责管理供应商及制定采购价格等，并且负责采购订货工作。分支机构提出采购申请，集团总部或采购公司进行汇总、调整，并根据调整结果下达采购订单，集团总部或采购公司完成后续的收货、入库、外部货款结算。根据各分支机构的采购申请，集团总部或采购公司启动内部调拨流程，制定调拨订单并调拨出库，分支机构根据调拨订单做入库处理，两者最后进行内部结算。

二、招标采购模式

所谓招标采购又称公开竞标采购，是现代采购常用的一种方法。它是一种按规定的条件，由卖方投报价格，买方择期公开当众开标，公开比价，以符合规定的最低价者中标的一种买卖契约行为。招标采购主要适用于政府机关、大型集团公司的采购。

1.招标采购的特点

招标采购具有公平竞争的特点，可以使买方以合理的价格购得理想物料，并能杜绝徇私、防止舞弊。不过招标采购的手续较烦琐，耗用时间较长，对于紧急采购与特殊规格的货品不适用。

2.招标采购的成本优势

招标采购不需要企业花费精力与时间去市场上寻找供应商，供应商会亲自找上门。在一个公开的环境下，招标采购可让供应商公开论价比价，方便企业找到最低价格的物品；同时也防止了采购员与供应商私下交流。可以说，公开招标是控制采购成本的有效手段。但在招标过程中，企业应遵循公平、公正、公开的原则，对所有投标者一视同仁，确保招标过程的公正性和合法性。

3.招标采购的实施

招标采购必须按照规定作业程序进行。一般而言，招标采购可分为图5-15所示的四个阶段。

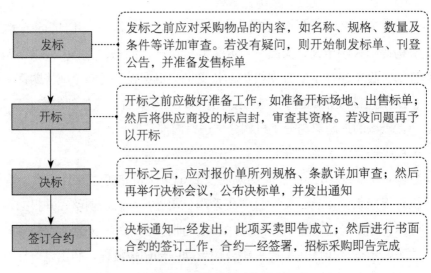

图5-15 招标采购的实施步骤

三、ABC分类采购模式

ABC分类法是对采购的所有物料，按照全年货币价值从大到小排序，然后划分为三大类，分别称为A类、B类和C类。A类物料价值最高，受到高度重视；处于中间的B类物料受重视程度稍差；而C类物料价值低，仅做例行性控制管理。

1. ABC分类原则

ABC分类法的原则是，通过放松对低值物料的控制管理，从而节省精力把高值物料的库存管理做得更好。图5-16为ABC三类物料的存量。

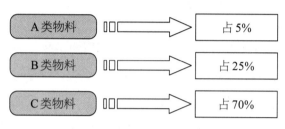

图5-16 物料ABC分类法

2. ABC分类标准

在企业物料存储中，A类物料在库存总金额中占75%～80%，而品种仅占10%以下；B类物料在总金额中占10%～15%，品种占10%～15%；C类物料在总金额中仅占5%～10%，而品种却占75%以上。

根据ABC分类的结果，企业可以采取不同的库存管理方法。

（1）对A类物料应重点管理，严加控制，采取较小批量的定期订货方式，尽可能降低库存量。

（2）对C类物料采用较大批量的定量货方式，以简化手续，留出精力管好重要物资。而对B类物料，则应根据情况区别对待。

3. ABC分类采购方式

（1）A类物料的采购

对占用资金较多的A类物料，必须严格采取定期订购方式，同时要进行精心管理。宜采取询价比较采购、招标采购，这样能控制采购成本，保证采购质量。采购前，采购人员应做好准备工作，进行市场调查，货比三家。对大宗材料、重要材料，要签订购销合同。物料进场必须通过计量验收，对物料的规格、品种、质量、数量，验收合格后再入库，进行货款结算材料计划的检查与调整，做到及时、有效纠正偏差。

（2）B类物料的采购

对于批量不是很大的常用材料、专用物资，可采取定做及加工改制的方式，加工改制包括带料加工和不带料加工。

采购方式宜为竞争性谈判。采购方直接与三家以上的供货商或生产厂家就采购事宜进行谈判，从中选出质量好、价格低的生产厂家或供货商。

订货方式可采用定期订货或定量订货。B类物料虽无须像A类物料那样需要精心管理，但物料计划、采购、运输、保管和发放等环节的管理，应与A类物料相同。

（3）C类物料的采购

C类物料是指用量小且从市场上可以直接购买到的一些物料。这类物料占用资金少，属于辅助性材料，容易造成积压。可采用市场采购，定量订货，必须严格按计划购买，不得盲目多购。采购人员要认真进行市场调查，收集采购物料的质量、价格等信息，做到择优选购。物料保管人员要加强物料的保管与发放，严格执行物料领用手续，做到账、卡、物相符。

4. ABC分类管理作用

材料ABC分类管理，是保证产品质量、降低材料消耗、杜绝浪费、减少库存积压的重要途径。无论是A类物料，还是B类、C类物料，都要认真做好物料计划、采购、运输、储存、保管、发放、回收等环节的管理工作；同时要根据不同的物料，采取不同的订货渠道和订货方式，这样才能及时、准确、有效地做好物料质量与成本控制，从而达到节约成本、提高经济效益的目的。

四、按需订货模式

按需订货，是属于MRP的一种订货技术，计划订单上的数量上等于每个时间段的净需求量。它是有效避免采购过多、采购不足的一种方法，也是有效防止采购成本增加的一种方法。目前大多数生产企业均采用该种订货方式。

1. 按需订货的计算公式

按需订货的计算公式是：

净需求量＝生产订单需求量－（现有库存量＋在途采购量）

下面是某个收音机生产企业的外购需求情况表。

订单名称	产品名称	需要量（个）	下单时间	交货时间
广州明华01单	电子	1000	1月1日	2月1日
广州明华01单	电子	8000	1月1日	3月1日
广州明华01单	天线	500	1月1日	2月1日
澳门水杉01单	天线	3000	1月1日	2月1日
四海科技01单	电子	2000	1月1日	2月1日
四海科技01单	天线	4000	1月1日	2月1日

该企业没有电子与天线的生产线，因此需要外购。如果该产品的生产周期是一个月，目前库存量：电子5000个、天线3000个。

则MRP的计算是：

1.1月份的电子需求量

＝广州明华01单的1000个＋四海科技01单2000个－前库存量是电子5000个＝－2000个

因此1月份没有必要对电子进行采购。

2.1月份的天线需求量

＝广州明华01单的500＋四海科技01单4000个－前库存量是电子3000个＝1500个

因此1月份天线的需求量是1500个。

利用MRP实施按需订货，可以准确计算出一段时间内的净需求量。上面的例子过于简单，在企业的实际操作中，订单每时每刻都在增加，采购需求也在不断变化。而利用MRP技术实施按需订购，则是一个比较科学的方法。

2.按需订货的前提

为了保证MRP数据的准确性，实施按需订货需要两个前提，如图5-17所示。

图5-17 按需订货的前提

（1）库存数据必须准确

采购需求是订单总需求与库存需求的差值。总需求数据直接来自订单数据，而库存数据则来自企业仓储部门。库存数据的准确性是目前大多数企业的一个弱点，因此企业应注重仓库的管理。

（2）确定采购阶段时间

按需订货必须确定采购阶段时间，也就是常说的采购周期，如表5-9所示。

表5-9　某企业采购周期表

订单名称	配件名称	需要量（个）	采购到位时间	下单时间
明华01单	电子	1000	1月10日	1月1日
成华01单	电子	8000	1月20日	1月5日
明华01单	天线	500	1月11日	1月8日
水杉01单	天线	3000	1月11日	1月2日
高科01单	电子	2000	1月18日	1月1日
兴科01单	天线	4000	1月20日	1月10日

根据一般企业的情况，采购周期常以一周作为标准，以减少搬运量。例如，表5-9中1月10日～1月17日的采购订单可以合并到1月10日。

五、定量采购模式

所谓定量采购控制法，是指当库存量下降到最低库存数量（采购点）时，企业按规定数量（一般以经济批量EOQ为标准）进行采购补充的一种成本控制方式，常用于零售企业。

1.定量采购的优点

定量采购具有图5-18所示的优点。

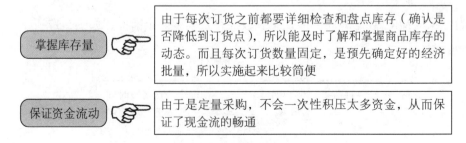

图5-18　定量采购的优点

2.定量采购的缺点

定量采购具有图5-19所示的缺点。

占用库存	运输成本大
经常对商品进行详细检查和盘点，工作量大且耗费大量时间，从而增加了库存维持成本	定量采购要求对每个品种单独进行订货，这样会增加订货成本和运输成本。该方式适用于品种少但资金占用大的商品

图5-19 定量采购的缺点

3.定量采购的实施

（1）订货点

通常，订货点取决于需求率和订货到货间隔时间这两个要素。在需求固定和订货到货间隔时间不变的情况下，不需要设定安全库存，订货点的计算公式为：

$$R=LT \times D/365$$

其中D代表每年的需要量。

当需求或订货到货间隔时间发生变动时，订货点的确定方法则较为复杂，往往需要设定安全库存。

（2）订货量

订货量通常依据经济批量来确定，即以总库存成本最低时的经济批量（EOQ）作为每次订货的数量。

六、定期采购模式

定期采购是指按预先确定的订货间隔进行采购的一种方式。企业会根据过去的经验或经营目标，预先确定一个订货间隔。每经过一个订货间隔期间，就进行订货，每次订货数量都不同。采购人员在定期采购时，只在特定的时间对库存进行盘点，例如每周一次或每月一次。这种方式常用于零售企业。

1.定期采购的目的

定期采购的目的是促进库存盘点。当供应商走访企业并与其签订合同，或某些企业为了节省运输费用而将订单合在一起时，企业必须定期进行库存盘点和订购。

2.定期采购的定购量

企业定期采购时，不同时期的订购量不尽相同，订购量的大小主要取决于各个时期存货的使用率。它一般比定量采购有更高的安全库存要求。定量采购是对库存的连续盘点，一旦库存水平到达再订购点，则立即进行订购。

相反，标准的定期采购仅在盘点期进行库存盘点。这就有可能在刚订完货时因出现大批量需求而使库存降至零，此情况只有在下一个盘点期才能被发现，而新的订货需要一段时间才能完成。这样，有可能在整个盘点期和提前期都会发生缺货。所以安全库存应当保证盘点期和提前期内不发生缺货。

3.定期采购的优点

定期采购具有图5-20所示的优点。

控制库存

只要订货周期控制得当，企业既可以实现不缺货，又可以控制最高库存量，从而达到成本控制的目的

降低运输成本

由于订货间隔时间确定，多种货物可同时进行采购，这样不仅可以降低订单处理成本，还可降低运输成本

节省盘点费用

由于不需要经常检查和盘点库存，这样可节省部分盘点费用

图5-20　定期采购的优点

4.定期采购的缺点

定期采购具有图5-21所示的缺点。

不能掌握库存动态

由于不经常检查和盘点库存，对商品的库存动态不能及时掌握，遇到突发性需求时，容易因缺货带来损失。因而为了应对订货间隔期内需求的变动，往往要求较高的库存水平

耗用流动资金

定期采购，如果是品种数量少、占用资金大的产品，那么企业流动资金就会出现紧张

图5-21　定期采购的缺点

5.定期采购的实施

定期采购仅适用于产品数量大、占用资金较少的商品；对于产品数量小、占用资

金较大的商品最好采用定量采购。

采购周期可以根据企业的具体情况进行调整。例如，根据自然日历习惯，以月、季、年等确定采购周期；也可以根据供应商的生产周期或供应周期确定采购周期。定期采购订货量的确定方法如下。

$$订货量=最高库存量-现有库存量-订货未到量+顾客延迟购买量$$

七、经济批量采购模式

经济订货批量是使订单处理和存货占用总成本达到最小的订货数量（按单位数计算），如图5-22所示。订单处理成本包括计算机处理、填制订货表格及新到产品处置等发生的费用。存货占用成本包括仓储、存货投资、保险、税收、货物变质及失窃等产生的费用。订单处理成本随每次订货数量的增加而减少，而存货成本随每次订货数量的增加而增加（因为有更多的商品需要保管，且平均保管时间也更长）。这两种成本加起来就得到了总成本曲线。

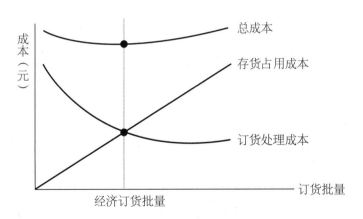

图5-22　经济订货批量

 小提示

由于需求、价格、数量折扣及可变订货成本和维持成本等方面的变化，企业必须经常修订 EOQ。

1.经济订货点的计算

对企业而言，在进行采购时，经济订货数量如何计算非常关键，因此采购人员应熟练掌握经济订货批量的计算公式。

经济订货批量的公式为：

$$EOQ=\sqrt{\frac{2DS}{IC}}$$

式中：EOQ —— 每次订货数量；

D —— 年需求量；

S —— 订货成本；

I —— 年存货成本占单位成本的百分比；

C —— 商品的单位成本。

比如，某超市估计每年能销售15000套电动工具。这些工具每件成本为900元。损坏、保险、呆账及失窃等费用等于这些工具成本的10%（或每件90元），单位订货成本为250元。其经济订货批量为：

$$EOQ=\sqrt{\frac{2\times15000\times250}{0.10\times900}}$$

$$=\sqrt{\frac{7500000}{90}}$$

$$\approx290（套）$$

2.经济批量采购的适用范围

经济批量采购的适用范围如下。

（1）物品是成批的，通过采购或制造而得到，不是连续地生产出来的。

（2）销售或使用速率是均匀的，而且比该物品的正常生产速率低，从而产生显著数量的库存。

3.经济批量采购的不足

有关专家对经济批量采购的不足阐述如下。

（1）它是一项鲁莽的投资政策，不考虑可用的资本，就确定投资数额。

（2）它强行使用无效率的多阶段订货办法，所有的部件都是以不同的周期提供的。

（3）它回避了准备阶段的费用，不涉及分析及减低这项费用。

（4）它与一些成功企业经过实践验证的工业经营思想格格不入。

八、电子采购模式

电子采购是由采购方发起的一种采购行为，是一种不见面的网上交易，如网上招标，网上竞标，网上谈判等。人们把企业之间在网络上进行的这种招标、竞价、谈判等活动定义为B2B电子商务，事实上，这只是电子采购的一个组成部分。电子采购比一般的电子商务和一般性的采购在本质上有了更多的延伸，它不仅仅完成采购行为，而且利用信息和网络技术对采购全程的各个环节进行管理，有效地整合了企业的资源，降低了企业成本，提高了企业的核心竞争力。

1.电子采购的优势

具体来说，电子采购具有图5-23所示的优势。

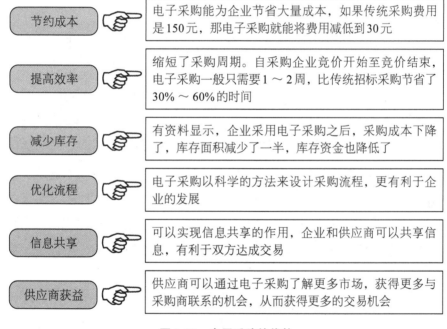

图5-23　电子采购的优势

2.电子采购的组织实施

电子采购的组织实施一般由采购部门负责，其受理生产部门或其他部门提出的采购计划，利用采购管理信息化系统，使电子采购在内部各相关部门公开，实现有效制衡。

采购物资的价格、质量等信息要在企业内部网上公开，使采购人员、监督和管理人员都能掌握，以防止"暗箱操作"，堵塞采购漏洞，降低采购成本，确保采购物资的质量，避免过高的库存。

基于电子商务的应用，电子采购可以有效地将供应链上各个业务环节的信息链接起来，使业务和信息实现集成和共享。同时，电子商务的应用将改变传统供应链上信息逐级传递的方式，为企业创建广泛可靠的上游供应网关系，大幅降低采购成本，也使企业能以较低的成本加入供应链联盟。

3.电子商务与供应链管理的集成

供应链管理模式要求企业突破传统的计划、采购、生产、分销等障碍，把内部及供应链节点间的各种业务看作一个有机整体，通过有效协调供应链中的信息流、物流、资金流，将企业内部的供应链与企业外部的供应链有机地集成，以适应新竞争环境下市场对企业生产和管理运作提出的高质量、高柔性和低成本要求。

基于电子商务的供应链管理涉及图5-24所示的几个方面内容。

图5-24 基于电子商务的供应链管理的主要内容

电子商务的应用促进了供应链的发展，也弥补了传统供应链的不足。从基础设施的角度看，传统的供应链管理一般是建立在私有专用网络上，需要投入大量资金，只有一些大型的企业才有能力进行自己的供应链建设，并且这种供应链缺乏柔性。而电子商务能使供应链共享全球化网络，中小型企业能以较低的成本加入全球化供应链中。

从通信的角度看，先进的电子商务技术和网络平台，可以灵活地建立起各企业间的电子联系，从而改善商务伙伴间的通信方式，将供应链上企业各个业务环节连接在一起，使业务和信息实现集成和共享，使一些先进的供应链管理方法变得切实可行。

供应链协同管理

市场需求不稳定导致供应链很容易产生牛鞭效应。需求的微小变化，将会影响整个供应链的上下游。同时，需求的变化又是难以准确预测的，随着影响在供应链上的逐级放大，库存水平也将急剧增加。对此，供应链协同是解决"牛鞭效应"的有效方式。

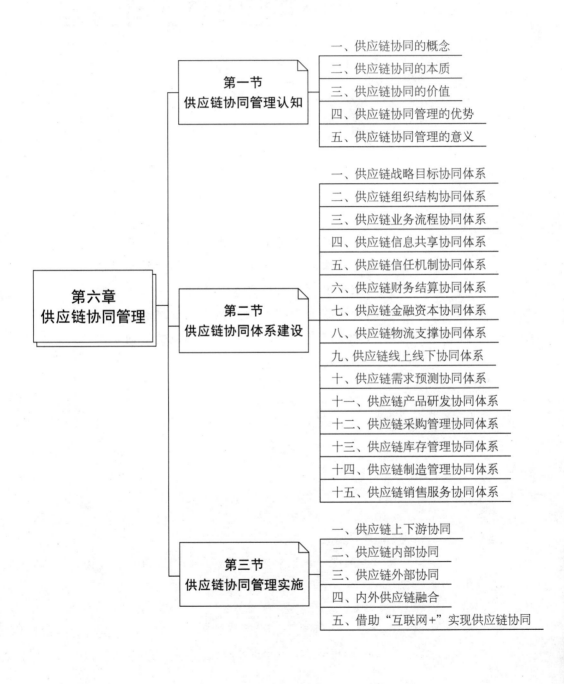

第六章 供应链协同管理

第一节 供应链协同管理认知
- 一、供应链协同的概念
- 二、供应链协同的本质
- 三、供应链协同的价值
- 四、供应链协同管理的优势
- 五、供应链协同管理的意义

第二节 供应链协同体系建设
- 一、供应链战略目标协同体系
- 二、供应链组织结构协同体系
- 三、供应链业务流程协同体系
- 四、供应链信息共享协同体系
- 五、供应链信任机制协同体系
- 六、供应链财务结算协同体系
- 七、供应链金融资本协同体系
- 八、供应链物流支撑协同体系
- 九、供应链线上线下协同体系
- 十、供应链需求预测协同体系
- 十一、供应链产品研发协同体系
- 十二、供应链采购管理协同体系
- 十三、供应链库存管理协同体系
- 十四、供应链制造管理协同体系
- 十五、供应链销售服务协同体系

第三节 供应链协同管理实施
- 一、供应链上下游协同
- 二、供应链内部协同
- 三、供应链外部协同
- 四、内外供应链融合
- 五、借助"互联网+"实现供应链协同

第一节　供应链协同管理认知

协同管理是一种开源、创新、敏捷、融合的管理体系，是对系统工程中各个分、子系统进行空间、时间、功能、结构、流程等的重组重构，以实现"同步—关联—合作—竞争—协同"的溢价增值作用。

一、供应链协同的概念

供应链协同是指供应链上分散在不同层次和价值增值环节的具有特定核心竞争优势的企业，通过协议或联合等方式组成一种网络式联合体。在这个联合体中，企业、供应商、制造商、分销商、客户均以信息技术为基础，以文化价值观为纽带，从供应链的全局出发，相互协调、相互支持、共同发展，为同一目标而努力，最终实现"共赢"的局面。

一般来说，企业实现供应链协同，可分为图6-1所示的四个步骤。其中，企业内、外部供应链协同是关键所在。

图6-1　供应链协同的步骤

二、供应链协同的本质

供应链协同的本质就是针对供应链整体战略及各环节的业务流程、关键信息、物流配送、资金等要素进行重构及优化管理，是为提高核心竞争价值而进行的相互支持和彼此协调的行为。供应链协同是供应链管理中的重要部分、重要工具和重要手段，目的是应对竞争加剧的环境，有效地利用和管理供应链资源。

三、供应链协同的价值

供应链协同的主要价值是，创新供应链商业模式，调整供应链结构，优化供应链流程，共享供应链信息，统一供应链物流，最终实现供应链价值传递与增值，构建竞争优势群，保持核心竞争力。

比如，自从华为实施供应链协同管理以来，其库存和订单的准确率从96%提高到了99.5%。过去，华为使用的人工系统在信息流动上会出现滞后两天的问题；而现在，华为通过使用无线数据交互系统，只需1天即可完成信息流动。在供应链协同管理的模式下，华为不仅实现了高效率、低成本的运营目标，同时，还能为世界各地通信运营商及专业的网络拥有者提供更加先进的软硬件设备、一流的服务和有效的解决方案，从而大幅提升了品牌的全球影响力。

四、供应链协同管理的优势

如果把整个供应链当作一个完整的工件，那么每个链条的上下游企业就是流水线上的岗位。加工工件我们都知道，如果各个岗位衔接不好，就会出现流程不顺的情况。

比如，前一个工序的焊接已经完成了，下一个工序的组装还没有跟上，那么就会出现断档，其他工序只能等待，从而造成时间上的浪费。

供应链协同也是一样，各个企业或部门之间相互协作会有诸多好处，具体如图6-2所示。

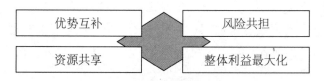

图6-2　供应链协同管理的优势

1.优势互补

供应链上的各个企业，如果协作得当的话，彼此可以扬长避短。

比如，上游供应商的生产能力强，但下游企业的仓配能力强。那么在协作过程中，下游企业就可以充分利用供应商的生产力，保证自己的采购成本最低。而供应商则可以利用下游企业的仓配能力，更快地为下游客户服务，提升自身的服务质量。

2.资源共享

通过供应链协同，可以使上下游企业或者企业内部不同部门之间信息互通，资源共享，减少浪费。

比如，一般情况下，上游生产企业很难获知C端市场的数据变化，以便及时对自身产品策略作出调整。上游生产企业获取C端市场的数据，需要耗费很多人力、财力。然而这部分数据在终端市场是很容易获取到的，只需提取某个季度的C端市场销量即可。如果协作到位，终端零售商可以将C端市场的数据共享给生产企业，使其提前做好生产计划，可以更好地为零售商服务。

3.风险共担

协同的过程，一方面可以创造更多的价值，另一方面也可以降低风险。

比如，某供应商与下游零售企业合作VMI（供应商管理库存），供应商能及时看到电商终端市场的需求变化，进行补货调配，不必想当然地生产备货了。同时，有了协同，零售企业也不用再担心因采购不及时而影响履约时效了。如果零售企业错误预判导致供应商生产了过多的产品，双方也可以共同来承担产品滞压的风险。这样，通过协同，双方风险都降低了。

4.整体利益最大化

协同双方的目标和利益一定是基于长期考虑的，局部环节的取舍以不影响整体利益最大化为前提。

（1）上下游企业如果协同得好，彼此的合作会越来越融洽，信息流通会越来越顺畅，这样也增强了彼此长远合作的信心。

（2）企业内部各部门之间如果协同得好，整个供应流程也会越来越顺畅，可以减少浪费。

比如，企业要促销，可以提前告知采购部门备货，同时通知仓储部门加派人手，各部门都提前做好准备，临近促销时就不会发生补货不到位、仓库爆仓等情况了。

五、供应链协同管理的意义

供应链协同管理突破了传统企业管理的组织界限，建立了跨组织的双赢的业务流程结构，实现了供应链整体价值的最大化。具体来说，供应链协同管理的意义如图6-3所示。

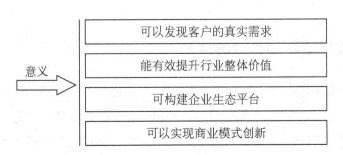

图6-3　供应链协同管理的意义

1.可以发现客户的真实需求

供应链协同以客户需求为中心，供应链上各企业协同合作，可以明确发现客户的真实需求。而客户需求是供应链驱动的首要因素，也是供应链协同的主要目标和主要方向，能确保供应链协作的正确方向。

2.能有效提升行业整体价值

供应链协同可以有效实现企业资源互补，各参与企业的信息流、资金流、物流及其他相关资源的整合，可增加企业客户的融合性和参与性，实现企业价值最大化。

3.可构建企业生态平台

供应链上下游企业在业务交互中可进行良好的业务关联。供应链协同所创造的平台价值，是单个企业无法实现的，这需要借助供应链的整体协同作用。

4.可以实现商业模式创新

供应链协同管理是一个持续改进的过程。在供应链上下游企业不断协同的过程中，供应链的结构、流程及盈利模式等发生了巨大的变化，并且带来了商业模式的改变和创新。

第二节　供应链协同体系建设

供应链协同体系的建设是生态型圈层建设。从战略层面、执行层面到组织层面、技术层面等，企业需要全面协同才能实现有效合作。通过"跨职能、跨维度、去结构、去中心"实现供应链协同，企业才能高效率、高可视、低成本、低风险地提供相关产品和服务。

一、供应链战略目标协同体系

供应链战略目标协同体系是指供应链协同体系运营的战略目标具有一致性，既有整体战略的统一目标，也有个体企业的协同目标。供应链战略目标协同体系建设，本质上是界定整个供应链的战略方向、业务焦点和各参与企业的利益平衡关系，包括图6-4所示的重点内容。

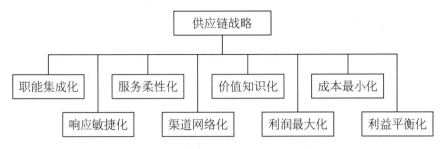

图6-4 供应链战略协同的重点内容

建立供应链战略协同体系，还应建立战略沟通协商、平衡制约、合理退出、管控监督、综合评价等机制，让参与企业能够充分发挥自身的优势，确保供应链协同战略目标顺利实现。

一般而言，战略协同是对供应链管理中事关全局的重大核心问题的协调，是实现供应链协同管理的重要基础。根据战略的制定过程，供应链战略协同主要体现在图6-5所示的三个层次上。

图6-5 供应链战略协同的层次

1.竞争战略与供应链运作战略协同

在这个层次上，战略协同是指企业的竞争战略与供应链运作战略所体现的目标相同，也就是说，竞争战略所要实现的目标与供应链运作战略的目标协调一致。

2.节点企业内部战略协同

在企业内部整个供应链上，新产品研发、生产营运、市场营销、分销物流、客户服务等业务部门，以及其支持部门如财务、信息技术、人力资源等，彼此的战略具有适配性，能够协同一致。

3.节点企业之间战略协同

供应链战略协同不仅局限于企业内部，而且突破了企业边界，延伸到供应商和客户，甚至延伸到供应商的供应商和客户的客户，各个节点企业的职能性战略（如人力资源战略、营销战略、财务管理战略、运营战略等）与供应链战略应保持一致。

比如，华为在内部供应链协同管理方面，从1994年就开始使用MRP物料需求计划系统进行资源调配，到了2000年又开始着手建设ISC集成供应链体系，可以说，供应链内部运作结构不断升级，是支撑华为高速发展的重要基石；而在外部供应链协同管理方面，华为与供应链和承运商之间建立了良好的战略合作伙伴关系，对供应商实行分层分级管理，并通过SCC供应链协作系统与供应商实现实时交互，极大地保证了物料供应的稳定性和及时性。

二、供应链组织结构协同体系

供应链组织结构协同体系主要是对组织结构进行优化，将其由传统的"竞争—博弈"竞争模式转变为"合作—整合"模式。供应链组织结构协同体系是供应链组织在责、权、利等方面的动态组合，是供应链成员企业为实现供应链的整体目标在业务范围、个体责任、相对权利等方面所形成的分工协作体系。

供应链组织结构必须随着供应链的战略调整而进行相应改进，供应链组织结构协同主要包括图6-6所示的内容。

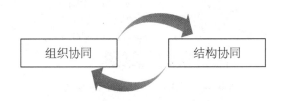

图6-6　供应链组织结构协同的内容

供应链组织结构协同强调科学的供应链结构，通过结构优化，实现清晰的结构层次、科学的分层管理，明确供应链结构协同的要求以及参与企业责、权、利，因此，组织结构协同体系可以提升参与企业的软实力，促进参与企业溢价增值并提升竞争优势。

三、供应链业务流程协同体系

供应链业务流程协同体系是供应链参与企业内部以及供应链各参与企业之间的一系列管理活动。由于供应链生产要素的变化需要供应链业务流程不断调整和改进，因此，业务流程协同成为供应链协同的重要组成部分。供应链业务流程重构成为供应链价值增值的重要手段和方法。供应链参与企业应在图6-7所示的方面重构业务流程，对业务流程进行全面优化，突破供应链流程管理的瓶颈，把整个供应链建成一个动态、规范、平滑、高效的流程体系，以流程促进信息、物流和资金在供应链内无障碍地运转，使业务流程协同管理发挥真正的作用。

图6-7 供应链业务流程协同包含的方面

四、供应链信息共享协同体系

供应链信息共享协同体系是指通过信息数据驱动实现数据信息有效传递、实时共享的协同体系。数据驱动的信息共享协同是供应链管理的重要支撑条件，供应链各环节的正常运营基于供应链各参与企业的信息传递和共享，没有信息传递和共享，各个企业会成为供应链上的信息孤岛。只有保证需求信息在传递过程中不失真、不离散，才能够有效解决供应链中的"牛鞭效应"、信任问题和迭代问题。

> **小提示**
>
> 供应链参与企业以信息共享为工具，以优化供应链绩效为目标，进行协同决策，不仅摆脱了各参与企业分散决策所造成的供应链整体效益协调问题，也解决了传统供应链管理中核心企业主导决策所带来的诸多问题。

五、供应链信任机制协同体系

供应链信任机制协同是指为了供应链协同运作而制定信用准则、规范及交易契约，是供应链有效协同的前提和制度保证。供应链各企业间的合作是以商业信任和企业精神为基础的，要实现供应链协同管理就必须加强征信体系和信任机制的建设，这样供应链的安全运作才能得到保证。信任机制的建立有效降低了企业的交易时间和交易成本，并减少企业之间的摩擦与矛盾，从而大大提高了企业效益，降低了成本。供应链信任机制协同规则主要包含图6-8所示的内容。各企业应积极参与供应链信任机制的建立，确保供应链信任机制协同得到有效执行和监督。

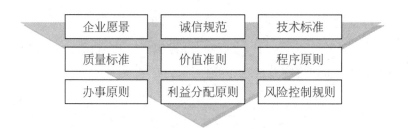

图6-8　供应链信任机制协同规则包含的内容

六、供应链财务结算协同体系

供应链财务结算协同体系就是以现金流精益化协同管控为核心，密切衔接供应链相关业务流程，把有限的资金在供应链各个环节进行最优配置的过程。资金管理作为供应链管理的重要组成部分，正逐步成为贯穿供应链各业务领域的重要管理手段，供应链资金管理能力也成为影响企业价值创造的关键因素之一。各企业应根据资金结算和现金流的动态情况统筹安排资金，在财务结算协同管理的总框架下，以供应链资金预算管理为核心，以现金流动态管控为重点，以财务流程、业务流程融合为支撑，以资金筹集和账期管理为基础，掌控供应链的融资、营运资金管理、资金结算等关键环节，实现财务结算的安全性、流动性、盈利性和财务资金结算全过程的可视性、可控性，如图6-9所示。

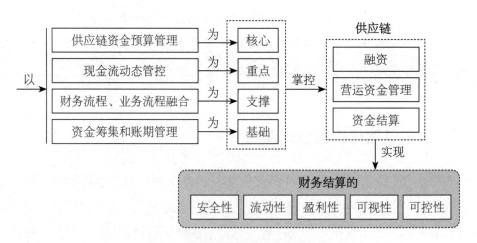

图6-9　供应链协财务结算协同体系

随着供应链体系的建设，供应链参与企业应利用资金管理协同平台，对供应链的资金统筹管理，实现信息共享对称，利益高度协配，构建高效的供应链财务结算协同体系，保障供应链稳健持续的发展。

七、供应链金融资本协同体系

供应链金融资本协同是产业供应链和金融资本的融合。高效的供应链金融资本协同是供应链参与企业资本增值溢价的重要途径，具体如图6-10所示。

途径一	优化债务资本结构
	开展资本的技术化、科学化运作，实现资本溢价增值，拓展企业的金融工具，促进金融资本模式创新，寻找供应链新的利润增长点，不断提升供应链整体资金的使用效率，把金融资本占总资产、营业收入的比例控制在合理区间
途径二	优化资本管理计划
	在保证企业资金链安全可控的前提下，最大限度地减少企业资金的低效沉淀；以资金运作的产业化为目标，确保企业资本的流动性、安全性、效益性；制定存量资本运营规则和资金运作方案，使金融资本在供应链的整体运作中实现协同效益最大化

图6-10 供应链金融资本协同管理

八、供应链物流支撑协同体系

供应链物流支撑协同体系是指在供应链协同管理的前提下，参与企业对物流体系的协同管理。供应链的采购整合、制造整合、渠道整合、信息整合都需要物流体系的支撑。供应链参与企业要考虑整体物流成本的有效归集和合理分配，不仅要降低某项业务的单一成本，还要降低供应链的总体成本。

传统的物流服务体系大多是产品导向下的干线运输、区域仓储、区域调拨、末端分仓配送等物流路径。随着供应链协同的整体发展，物流支撑协同体系通过优化整个物流运作流程，使物流、信息流和资金流高效整合，并实现整体、系统的创新管理；通过对仓储库存和运输配送过程进行协调，发挥物流资源的协同效应，大大降低供应链的整体物流成本。

九、供应链线上线下协同体系

供应链线上线下协同体系主要通过信息技术与物流配送网络的支撑实现需求订单、便捷支付、物流配送的有效融合，使整个供应链的采购、计划、生产、流通、服务等业务流程高效衔接。通过统一的信息平台和线下业务流程实现数据集成共享，并以需求数据为基准，产生新的增值方式，及时、准确地提供相关产品和服务。

打造以线上线下资源融合为核心的供应链协同体系，具体措施如图6-11所示。

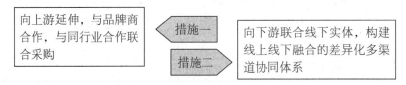

图6-11　供应链线上线下协同管理的措施

十、供应链需求预测协同体系

供应链需求预测协同体系是驱动整个供应链业务的核心要素，是由预测目标、预测工具等多个要素组成的服务体系，要求企业根据供应链的基本状况、运营特点以及影响发展的众多因素，运用理论分析、数据统计等方法进行多维度的分析研究来判断未来的发展方向和趋势，如图6-12所示。

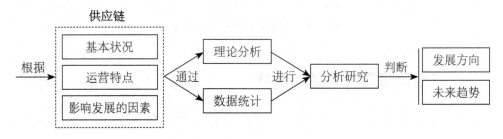

图6-12　供应链需求预测协同体系

需求预测可以科学高效地优化库存管理，降低供应链的运营成本，显著提高运营效率，对供应链战略的总体设计和有效实施具有重要的意义。

需求预测协同是柔性制造和按需生产的基础，是连接生产制造和销售服务的桥梁，供应链的各环节运营都需要需求预测数据的配合与支持，如供应链的销售计划、制造排产计划、财务资金筹集管理等都直接或间接受需求预测数据的影响和制约，因此，供应链需求预测协同体系可以有效保障供应链的运作。

十一、供应链产品研发协同体系

供应链产品研发协同体系是供应链参与企业提高核心竞争力的有力保障。供应链产品研发协同构建了产品与供应链同步设计的框架和流程，从而确保产品研发和供应链之间的协调性和一致性。客户个性化需求导致产品研发模式发生了变化，具体如图6-13所示。

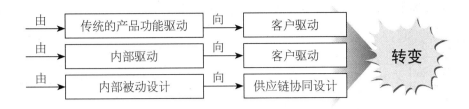

图6-13　产品研发模式的转变

供应链产品设计协同已成为必然趋势，企业应通过构建分布式多组织的异地设计中心、供应商联合设计的协同平台，快速提升供应链的整体研发效率，提高协同研发的战略价值。

十二、供应链采购管理协同体系

供应链采购管理协同体系基于供应链协同管理的需要将传统的采购模式转变为现代采购模式，如图6-14所示。

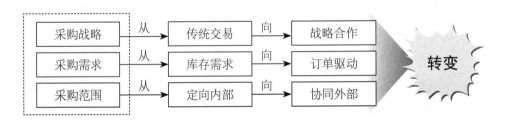

图6-14　传统采购模式向现代采购模式的转变

在供应链协同管理下，采购管理以客户或者订单为驱动，从客户需求开始延伸到整个供应链，这种驱动模式可以让企业快速响应客户需求，降低整体采购成本，形成供应链协同的采购管理理念。

传统采购模式下，供应商只关注价格因素，与采购方只是单纯的交易关系；而基于供应链的采购，关注采购综合总成本，并注重与供应商建立战略合作伙伴关系。因此，在供应链协同采购的影响之下，企业的采购管理模式不断优化与创新。

十三、供应链库存管理协同体系

供应链库存管理协同体系是将库存管理嵌入整个供应链的从点到链、从链到面的分布式协同管理体系。供应链库存管理协同基于供应链的总体战略，以降低库存成本和提高库存响应能力为目标，通过对各个库存节点进行管控协调，确保供应链整体库存成本最优。

传统库存管理只考虑内部资源的有效利用，而供应链库存管理协同则具有图6-15所示的优势。

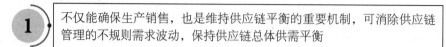

① 不仅能确保生产销售，也是维持供应链平衡的重要机制，可消除供应链管理的不规则需求波动，保持供应链总体供需平衡

② 实现整个供应链各环节库存的动态平衡，及时准确地预测供应链异常带来的需求变动

③ 使供应链各企业建立战略合作关系，实现供应链整体库存的科学分配

图6-15 供应链库存管理协同的优势

十四、供应链制造管理协同体系

供应链制造管理协同体系借助信息网络技术将线性流程工作变为并行离散工程，实现供应链内部、跨供应链体系的各个工序、工位、环节、流程的生产模式，最终实现资源优化利用的目标。供应链制造管理协同以产品为对象，通过图6-16所示的模式，将产品生命周期各个阶段涉及的数据集成共享，将各类生产要素优化整合，使制造环节各个流程可以高效协同；同时，将间断式、孤岛式流程管理转变为集成管理，实现全生命周期管理。

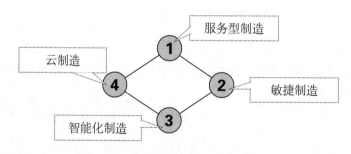

服务型制造 ①

云制造 ④

敏捷制造 ②

智能化制造 ③

图6-16 供应链制造管理协同的模式

制造管理协同是提升制造环节敏捷性、缩短生产周期、提高制造效率、实现协作开发的重要手段。供应链制造管理协同，简化了传统制造模式，通过制造协同实现制造模式的创新，并形成完整的管理闭环。

十五、供应链销售服务协同体系

供应链销售服务协同体系是以满足终端客户消费需求为核心，以销售渠道战略协同为前提，以销售服务资源共享为主导，以销售信息共享为基础，对主要供应链销售渠道和终端用户实施的销售服务运作方法，如图6-17所示。

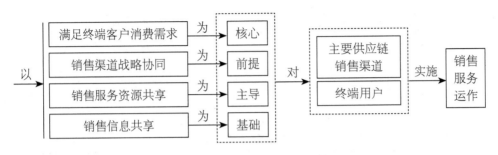

图6-17　供应链销售服务协同体系

销售服务协同不是传统的渠道体系优化，而是供应链升级迭代、协同运作的创新，是供应链参与企业之间战略合作一体化的直接体现，是供应链协同管理的重要手段之一。基于供应链视角，企业应从外部环境、组织内部以及合作方式，对销售服务的驱动因素进行协同，协作方式和管理要求要有所不同，同时，服务资源的开放、管理和共享也要有所差异。

小提示

供应链协同体系构建不仅可以帮助供应链参与企业形成核心竞争力，同时也提升了各个环节的局部竞争力，产生产业集群式螺旋上升的效果，使供应链管理的价值最大化。

第三节　供应链协同管理实施

协同的核心是信息互通，只有信息足够透明，才能让供应链上的各个环节发挥相应的职能，共同推动物流、信息流和资金流的协同，组建一个协同集群，达到1+1>2的效果。对企业来说，应努力构建供应链协同管理模式，增强自身的核心竞争力。

一、供应链上下游协同

供应链的链条非常长，从原料生产到成品最终送到终端用户手中，参与角色少则数十个，多则上百个，供应周期少则数天，多则数年，很多还需要跨国供应，如图6-18所示。

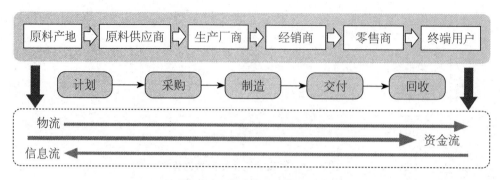

图6-18　供应链上下游协同

供应链上的每个企业如果不能很好地衔接，就会变成一个个的孤岛，使供应过程严重受阻，造成诸多浪费。所以，上下游企业应保持开放心态，彼此信任，摒弃短期利益，从长远出发，以共赢心态共建协同链路，减少计划、采购、制造、交付、回收等环节的阻碍，保证物流、信息流、资金流的高效通畅。

企业之间的协同，可以从图6-19所示的几个方面开展。

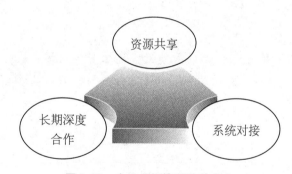

图6-19　企业之间协同的着力点

1.资源共享

协同合作的上下游企业，应该发挥各自的产业优势，相互赋能，实现资源互补，如供应商资源、商品资源、仓储资源、配送资源等。

比如，京东与海尔开展业务合作，京东的电商平台和海尔的三四线城市网点布局协同，顾客直接在京东下单后，海尔负责发货，这不仅增加了海尔的销量，还成功将京东大家电渠道下沉到了三四线城市，同时也减少了采购过程中的物流浪费。

2.长期深度合作

上下游企业应通过长期合作，建立更稳定的协同关系，而不是仅追求短期利益。

比如，戴尔可以在24小时内完成从客户下单到组装、运输的全过程，并且使库存周转达到每年90多次。这是因为，戴尔仅与少数几个核心供应商建立起长期稳定的合作关系，并在戴尔工厂周围搭建库房，及时将零部件送到生产工厂。

3.系统对接

上下游企业通过SDK、API等方式将系统打通，可以实现信息实时交互，有效安排生产。

比如，供应商在送货之前，通过预约系统告知下游企业送货时间和送货数量，下游企业可以提前对库房进行安排，防止人手不足。同时，通过系统对接，也可以减少收货环节的很多录入工作，可谓一举多得。

如果从长远来看，上下游企业都是受益者，那么短期的合理投入是值得的，可以采取信息共建或者大企业为微小企业搭建信息系统等方式达到协同的目的。

比如，要实现与下游企业的协同，需要上游企业搭建信息系统，对于资本薄弱的上游企业来说，势必会带来资金压力，这就需要上下游企业一起来协作。

二、供应链内部协同

一个以实体经营为主的企业，在开展供应链工作时，必然会涉及采购部、销售部、质管部、技术部、物流部、财务部等多个部门的协作。各部门的责任和立场不尽相同，就会经常发生内部矛盾。

比如，销售部着急做促销活动，好不容易说服采购部加急采购，但因为手续和资质不全，被质管部卡着不允许入库，双方针锋相对，闹得很不愉快。

对此，企业内部的协同，可以从图6-20所示的几个方面来开展。

图6-20　企业内部协同的措施

1.建立沟通机制

企业内部建立良好的沟通机制，需要有自上而下、自下而上以及横向沟通的标准化流程。各部门应打破企业内部壁垒，遇事不推诿，及时沟通，群策群力，同时，要灵活应对紧急情况。

2.改善业务流程

业务流程的改善是提升供应链效率的有效途径。它强调系统优化的观点，从顾客的需求出发，对企业现有的业务流程进行整体和局部的结构性改善，以保证各项业务分工合理、责任明确、过程可控、监控有效，提高企业的运行效率和生产效率。

3.完善系统建设

线下沟通难免会出现遗漏，系统处理流程则是不二的选择。在内部协同过程中，企业应构建采购、销售、库存、物流、财务等核心供应链系统，保证信息及时同步，尽量避免各部门口头交流。同时，建立起工单体系，出现协同问题时各部门应及时发起工单，让协同工作透明化、数字化，免去不必要的纷争。

三、供应链外部协同

外部供应链包含的企业有很多，与本企业生产和流通相关的其他企业，都是外部供应链的组成部分。企业可以参考图6-21所示的措施来提高外部供应链协同水平。

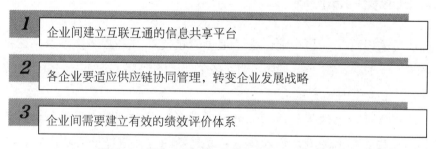

图6-21　提高企业外部供应链协同水平的措施

1.企业间建立互联互通的信息共享平台

首先，企业间的信息处理程序必须规范，不能出现虚假信息，企业各部门应按照统一的数据库进行决策。其次，企业间必须做到信息共享。信息共享是保证企业协同的必要条件，只有做到信息共享，才可以使所有企业及时协调，共同进步，抱团发展。最后，企业间需要搭建信息共享平台，提供一个信息共享的沟通渠道。

2.各企业要适应供应链协同管理，转变企业发展战略

首先，企业间需要有一个中间组织，以便于各企业进行技术、资本、人才等方面的交流。中间组织的作用主要是搭建、稳固、强化企业之间的协同关系，并发挥协同效应。

其次，企业应追求价值链优势。从制订企业计划开始，对原材料采购、供应商管理、储运管理、生产分销及服务过程进行合理分配，并在满足客户需求、加快反应速度和降低运作成本之间，找到一个平衡点，使供应链条保持整体的协同性。

最后，需要构建竞争优势群。并不是每一个企业都有能力构建竞争优势群，这就需要借助供应链协同作用，使成员企业优势互补，形成共赢局面。

3.企业间需要建立有效的绩效评价体系

建立供应链协同管理绩效评价体系，能使合作企业的利益保持一致，供需双方都不偏离供应链条，当出现意外事件时，各企业可按行动准则进行处理，避免不必要的事情发生。

四、内外供应链融合

应将企业内部供应链与外部供应链进行优化，去除供应链流程中的非增值环节，使企业内部各元素协调运作，使供应链的各企业紧密合作、有效协同，从而实现效益最大化。优化过程可以分为图6-22所示的三个阶段。

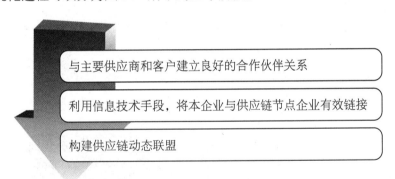

图6-22　优化内部供应链与外部供应链的过程

1.与主要供应商和客户建立良好的合作伙伴关系

将企业内部供应链与外部供应商和客户集成起来，形成一个一体化供应链。这个阶段，企业要特别注重战略伙伴关系的建立。企业要以供应商为焦点，加强与主要供应商和客户的联系，增进彼此的了解（产品、工艺、组织、企业文化等），实现信息共享等，通过为客户提供与差异化产品或服务而获利。

2.利用信息技术手段，将本企业与供应链节点企业有效链接

为了与外部供应链集成，企业必须采取适当的技术手段为企业内部信息系统与外

部供应链节点企业提供信息接口，从而实现信息共享和信息交互的目的。

企业应采用销售驱动的控制系统，基于动态供应计划、生产计划等功能，保证整个供应链成员企业以一致的目标来进行供应链管理。

3.构建供应链动态联盟

企业通过内外部供应链融合优化，形成了一个网链化的企业结构，它的战略核心及发展目标占据着领导地位。随着市场竞争的加剧，企业间的供应链必将是一个动态的网链结构，以满足市场的变化、柔性、速度、革新、知识等需要，不能适应供应链需求的企业也将从供应链联盟中淘汰。

供应链动态联盟是各企业基于一定的市场需求根据共同目标而建立的，通过信息实时共享来实现集成。供应链"链主"利用强有力的战略创造能力和供应链管理手段，不断提升整个供应链的效益，实现链条上各节点企业的双赢。

五、借助"互联网+"实现供应链协同

采购业务作为产业链重要的一环，其重要性与销售不相上下。不管是从日益紧张的资源角度来看，还是从社会稳健发展的角度来看，采购业务的增收节支、降本增效都应是企业的发展大计。

那么，传统企业怎样利用互联网技术，突破现有的主流采购模式，提升供应链协同能力，有效降低采购成本和事务性费用呢？如图6-23所示。

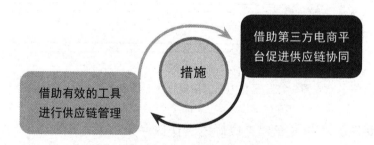

图6-23　利用互联网实现供应链协同的措施

1.借助有效的工具进行供应链管理

运用互联网技术实现供应链协同，企业首要的目标就是构建自身的"互联网+"。ERP系统算得上企业内部管理的核心，是流程、风险管控的利器，同时担负业务数据的采集和分析重任。现在，大多数企业已经开始利用ERP系统对企业内部供应链进行管理，ERP系统使采购计划、采购过程变得可追踪，用电子表单替代线下纸质表单，

对供应链采购业务优化管理、实现企业降本增效起到了非常重要的作用。

比如，台塑集团利用台塑网建立了企业采购系统、供应链管理系统、工程发包系统，并开辟了供货商订单融资系统，在ERP系统对物资进行标准化管理。将采购计划录入ERP系统，采购信息可以在台塑网直接展示，供货商可以随时网上作业，进行物资报价，报价单可实时回传到ERP系统，同时，采购后的流程可在系统中进行实时监控，包括货品监测结果、扫码入库状态等。

2.借助第三方电商平台促进供应链协同

ERP系统是对供应链进行管理的有效工具，但它却是孤立的。台塑集团ERP系统物料需求计划在台塑网上实现了对注册供应商的"一对多"展示。那么，拥有独立ERP系统却没有开辟需求信息对外展示窗口的企业应该怎么做呢？

他们可以借助第三方的电商平台来实现。第三方电商平台因为其独立性，聚集了行业内众多企业，这就为供应链协同提供了可能性。企业可以在电商平台上建立品牌联盟，集聚品牌资源，利用集采的规模效应去降低采购成本。但是，有ERP系统的企业大都在企业内部的ERP系统录入了信息，那么建立供应链协同是否还需要再次在电商平台进行信息录入呢？大部分第三方电商平台都需要这一步。

当然，利用互联网技术进行供应链协同，需要企业突破现成的供应链管理模式，在实现自身信息化的同时，勇于借助外部平台实现互助共赢；同时，第三方电商平台需探究符合多方需求的协同模式，利用"互联网+"优化产业链各环节，为更多的企业创造价值。